À ESPREITA DO PÊNDULO CÓSMICO

A Mecânica da Consciência

ITZHAK BENTOV

À ESPREITA DO PÊNDULO CÓSMICO

A Mecânica da Consciência

Tradução

GILBERTO CAMPISTA GUARINO

Supervisão técnica

NEWTON ROBERVAL EICHEMBERG

CULTRIX/PENSAMENTO
São Paulo

Título do original:
Stalking the Wild Pendulum
On the Mechanics of Consciousness

Copyright © 1988, Mirtala Bentov.
Publicado nos E.U.A. pela Destiny Books,
divisão da Inner Traditions International Ltd.

Edição

2-3-4-5-6-7-8-9

Ano

97-98-99-00

Direitos de tradução para a língua portuguesa
adquiridos com exclusividade pela
EDITORA PENSAMENTO LTDA.
Rua Dr. Mário Vicente, 374 – 04270-000 – São Paulo, SP – Fone: 272-1399
E-MAIL: pensamento@snet.com.br
http://www.pensamento-cultrix.com.br
que se reserva a propriedade literária desta tradução.

Impresso em nossas oficinas gráficas.

Agradecimentos

Durante o tempo em que este livro foi escrito, troquei idéias com muita gente, principalmente com cientistas especializados em seus respectivos campos, conferindo os pormenores de minhas próprias idéias. Isso não quer dizer, de modo nenhum, que todos eles concordam com o material aqui apresentado.

Em primeiro lugar, gostaria de agradecer ao professor Mael Melvin, físico da Universidade Temple, pelo exame cuidadoso do manuscrito, bem como por fortalecer minha física, que estava claudicando em alguns pontos. E, também, ao professor William W. Tiller, do Departamento de Ciências de Materiais, da Universidade Stanford, por nossas longas discussões acerca da natureza do universo, assim como pelo prefácio deste livro. Agradeço, ainda, ao físico Tom Etter, da Universidade de Minnesota, pelos debates que mantivemos acerca dos estados pré-quânticos.

Muito obrigado a todos os amigos que insistiram para que eu escrevesse este livro, começando pelo dr. Lee Sannella, médico que providenciou a primeira apresentação pública para estas idéias; ao dr. Richard Ingrasci, também médico; a Eddie Hauben, a Bill e Tom Hickey, e aos demais amigos do "Interface", que mantiveram as coisas em funcionamento. Aos meus amigos da *Whitewood-Stamps*, Jessica Lipnack, Tom Nickel, Jeff Stamps e Frank White, todos eles conhecedores do relativo e do absoluto, e que elaboraram uma crítica inicial do manuscrito; a Paul Nardella, o mágico da eletrônica, que projetou e construiu os instrumentos eletrônicos utilizados em nossas medições e em nossos experimentos; ao dr. David Doner, que cooperou na parte médica do Apêndice; a Robert L. Schwartz, presidente do Tarrytown Conference Center, que conseguiu que essas idéias fossem submetidas à crítica por um grupo de cientistas; e, finalmente, agradeço a Mirtala, minha esposa, que — pacientemente — organizou, analisou e datilografou o manuscrito.

Itzhak Bentov

Ilustrado pelo autor, exceto quanto a alguns dos melhores desenhos, que foram feitos por Rick Humesky, de Ann Arbor, Michigan.

Sumário

Prefácio, por William A. Tiller 9
Introdução 13
1. Som, Ondas e Vibração 23
2. Uma Olhada através de um Supermicroscópio 53
3. Um Código Morse de Ação e Repouso 67
4. Um Experimento com o Tempo 82
5. Quantidade e Qualidade de Consciência 107
6. Realidades Relativas 126
7. A Parábola da Bicicleta 156
8. Um Modelo do Universo 167
9. Como Funciona o Conhecimento Intuitivo 190
10. Algumas Reflexões sobre o Criador 207
Epílogo 219
Apêndice: As Tensões e o Corpo
    Introdução 223
    A Síndrome da Fisiokundalini 226
    Três Casos de Kundalini 241
    Bibliografia do Apêndice 251

*Dedicado a todos os que estão tentando
reunir os diversos aspectos da natureza
numa totalidade nova e plena de significado. . .*

Prefácio

É com grande prazer que prefacio o primeiro livro de meu notável amigo Itzhak Bentov, também conhecido como Ben.

Ben é um inventor intuitivo, sem muita instrução formal, que gosta de improvisar, procurando no seu versátil laboratório de porão soluções simples e práticas para problemas tecnológicos complexos. Atualmente, passa a maior parte de seu tempo desenvolvendo vários instrumentos médicos. É assim que ele ganha a vida. E é suficientemente bom no seu ofício para receber grande número de pedidos de modernas indústrias especializadas, que precisam desesperadamente do seu ramo especial de criatividade.

Durante uma de minhas visitas à sua casa, notei um pequeno livro, de capa rosa, intitulado *Winnie the Pooh*, deslocado, entre grossos volumes com ponderosos títulos técnicos, numa das prateleiras de sua razoavelmente vasta biblioteca científica e técnica. Esse dado pode ajudar a compreender o estilo extravagante que Ben usa ao longo deste livro.

Sua intuição levou-o à prática regular da meditação, há cerca de dez anos, o que, por seu turno, resultou em fortalecida integração pessoal e coerência íntima. Seguiu-se a isso a intenção de empreender jornadas experimentais no microcosmo e no macrocosmo do universo. De tudo isso nasceu este pequeno e belo livro.

Trata-se, realmente, de uma obra aprimorada, fácil de ler e digna da atenção de todos — velhos e moços — que desejem expandir sua percepção e crescer em consciência. É, também, um modelo muito útil para o desenvolvimento da nossa ciência futura.

O atual *establishment* científico tornou-se, de algum modo, fossilizado, em virtude de sua atual *visão de mundo*, achando-se travado numa perspectiva da realidade que já não é mais útil. Essa circunstância conjuntural começou a limitar o crescimento da espécie humana, e enfatizou tanto o seu sentido de especialização, de separação, de materialidade e funcionamento mecânico, do tipo computacional, que hoje ela se encontra efetivamente arriscada a se auto-exterminar. Seu sentido de totalidade e propósito sofreu severa fragmentação, na medida em que nossos egos se deleitaram com o poder individual criado pela posse do conhecimento científico físico. Precisamos, desesperadamente, achar um caminho de volta para a totalidade!

Esse recente período de ciência física quantitativa foi extremamente importante para o desenvolvimento da humanidade, uma vez que abriu um caminho claramente discernível, embora materialista, através do terreno não-mapeado da expressão da Natureza. Ensinou-nos como realizar experimentos reproduzíveis e significativos, e a construir e testar teorias relevantes sobre a Natureza. Contudo, presentemente, passamos a concentrar-nos tanto nesse único caminho que perdemos a flexibilidade para "sentir" todas as outras possíveis vias de conhecimento, disponíveis no país das maravilhas da Natureza.

Chegamos a pensar que o renomado *método científico* deve ser friamente objetivo com relação a um dado experimento porque isso tem sido muito eficaz para a maior parte da experimentação passada. Não obstante, o método científico serve, mesmo, é para "fornecer o protocolo necessário e suficiente, a fim de que qualquer pessoa, em qualquer lugar, seja capaz de duplicar de maneira bem-sucedida o resultado experimental". Se isso requer uma predisposição mental ou emocional positiva, negativa ou neutra, então que assim seja. Na medida em que, em nossa experimentação futura, nos afastarmos do caminho puramente físico, precisaremos incluir, definir com clareza e medir quantitativamente esses estados de predisposição, porque descobriremos que a mente e a intenção humanas alteram o próprio substrato no qual operam nossas leis físicas.

Nossa física não lida necessariamente com a realidade, seja ela o que for. Em vez disso, simplesmente gerou um conjunto de relações consistentes, destinadas a explicar nossa base comum de experiência, que é, naturalmente, determinada pela capacidade e pelas aptidões de nossos mecanismos físicos de percepção sensorial. Em última análise, desenvolvemos essas leis matemáticas com base num conjunto de definições de massa, de carga, de espaço e de tempo. Com efeito, não sabemos o que sejam essas quantidades, porém definimo-las de modo a obtermos certas propriedades imutáveis, construindo nosso edifício de conhecimento sobre esses alicerces. Enquanto estes permanecerem tal e qual estão, o edifício manterá sua estabilidade. Todavia, parece que estamos ingressando num período de evolução humana em que certas qualidades do ser humano dão a impressão de estarem prontas para mudar, ou para deformar, essas quantidades básicas. Assim, nosso conjunto de leis ou relações de consistência terá de alterar-se, para que englobe essa nova experiência. Isso não quer dizer que as velhas leis estão erradas, e precisam ser jogadas fora — não mais do que Newton estava errado quando Einstein entrou em cena, mostrando que as leis da gravitação têm de ser modificadas quando se adota, para a observação, um referencial animado de velocidade próxima à da luz.

No ponto em que estamos, começamos a dotar, como sistemas referenciais de observação da Natureza, novos estados de consciência, de modo que as velhas leis terão de ser transformadas para entrar em conformidade com a nova experiência; e isso tão logo a sensibilidade baseada na experiência esteja suficientemente disseminada, de molde a constituir-se numa base comum de experiência. A compreensão que a humanidade tem de si mesma, do universo e da inter-relação sinergística entre ambos está em sua própria casa, ao longo desse caminho, para promover grandes mudanças.

Têm ocorrido algumas pequenas iniciativas que apontam na direção de uma nova "auto-imagem" da humanidade, a qual enfatiza a totalidade humana e sua conexidade com tudo o que a circunda. Todas as coisas parecem interagir com todas as coisas, em muitos níveis sutis do universo, para além do nível puramente físico. E quanto mais fundo penetramos nesses outros níveis, mais nos conscientizamos de que somos Um.

Este livro dá um grande passo adiante, simplesmente articulando esse fato — e contribuindo, desse modo, para a compreensão do nosso futuro desenvolvimento.

William A. Tiller

Introdução

Este livro é o resultado de algumas conversas íntimas, que, durante algum tempo, mantive com amigos, e que se tornaram mais e mais elaboradas, à medida que novos tópicos foram sendo acrescentados às discussões originais. Por vezes, meus amigos achavam que seria bom apresentar essas idéias perante uma audiência mais numerosa. Finalmente, cedi à sua bem-intencionada insistência e pus algumas delas no papel.

Quando me sentei para escrever, indaguei de mim mesmo se isso estaria acontecendo no momento certo. A acumulação de conhecimento é um processo contínuo, e é difícil determinar em que instante se deve dizer: "Pare aqui e escreva, seja qual for as informações até agora acumuladas." Não obstante o meu presente nível de ignorância, decidi começar a escrever simplesmente porque as circunstâncias forçaram-me a isso. É certo que, se fosse iniciar este livro daqui a dois ou três anos, eu poderia descrever melhor muitas coisas e acrescentar muitas idéias novas. Contudo, ainda me veria diante da mesma situação, porque nossa condição de ignorância aumenta exponencialmente com o conhecimento acumulado. Quando, por exemplo, alguém adquire um pouco de informação nova, esta levanta muitas novas perguntas, e cada novo dado informacional engendra cinco ou dez novas perguntas. Estas empilham-se a um ritmo muito mais rápido que o da acumulação de informações. Portanto, quanto mais conhecemos, maior o nosso grau de ignorância. Esse efeito parece justificar a minha decisão de publicar agora estas informações.

Sendo assim, não estou alegando que as informações aqui contidas sejam a verdade final, mas espero que ela estimule mais raciocínio e especulação, por parte de futuros cientistas e leigos interessados.

Grande parte dessas informações vieram através de *insights* intuitivos, o que, é claro, não justifica a omissão de um suporte racional para esse material. Quando, porém, chegamos à descrição da "forma" do universo e do processo de sua criação, tal suporte torna-se tênue, porque estamos lidando com material que ainda não pode ser plenamente apoiado em fatos científicos. Nesse caso, o principal guia para julgar o material apresentado é a intuição de cada um, ou sua experiência subjetiva.

Este livro é destinado a gente jovem de todas as idades, com o que desejo referir-me àqueles cuja imaginação não foi sufocada pelo processo-padrão de educação. Ele foi escrito para pessoas que ainda conseguem ficar perplexas com o modo pelo qual as formigas constroem seus formigueiros, com a fria elegância de uma cobra ou com a beleza de uma flor. Estou escrevendo para pessoas que conseguem tolerar um estado temporário de ambigüidade, para aqueles que podem, facilmente, aceitar a mudança e que não têm medo de manipular idéias bravias. Os que não são capazes de suportar a mudança afastar-se-ão, com grande rapidez. Poucos cientistas lerão este livro até o fim. Mas espero que ele estimule os processos de pensamento e implante algumas idéias na mente de futuros cientistas, aqueles que estarão em sua plena produtividade por volta do final deste século.

Neste livro tento construir um modelo de universo que satisfaça a necessidade de um panorama abrangente "daquilo que é nossa existência em toda parte". Em outras palavras, um modelo holístico, que englobe não apenas o universo físico, observável, que é o nosso ambiente imediato, e o universo distante, observado por nossos astrônomos, mas também outras "realidades".

Normalmente, não consideramos como "realidades" os componentes emocional, mental e intuitivo que integram nosso ser. Tentarei persuadir você de que eles o são. Os fenômenos a que chamamos "inexplicados", como, por exemplo, a psicocinesia (movimentação de um objeto com o poder da mente), a telepatia, os fenômenos de desdobramento, a clarividência, etc., podem ser explicados uma vez conhecidos os princípios gerais subjacentes que os governam.

Recentemente, levantou-se um bocado de controvérsia sobre esses assuntos. No momento atual, a maioria dos leigos e grande número de cientistas não acreditam na existência de tais fenômenos. Optando por não me envolver na controvérsia acerca das possibilidades da telepatia, nem sobre se alguém pode, ou não, atuar fora do seu corpo, tentarei demonstrar os mecanismos subjacentes e explicar como essas coisas poderiam funcionar. Caberá ao leitor decidir se as explicações que estou sugerindo fazem sentido ou não.

Primeiro, sugiro que o princípio geral subjacente a todos os fenômenos mencionados acima é um *estado alterado de consciência*. Esses estados alterados permitem-nos atuar em realidades que não nos são normalmente acessíveis. Por "normalmente" quero significar nosso estado usual de consciência desperta, ou realidades disponíveis àquele que, no âmbito delas, possa se auto-regular em conformidade com tal estado de consciência. Tentarei ajustar essas realidades num espectro ordenado.

Quando consideradas em conjunto, todas essas realidades formam, em meu modelo, um grande holograma de campos em interação.

A maioria de nós vê o universo através de uma minúscula janela, o que nos habilita a enxergar somente uma cor ou realidade, dentro do espectro infinito de realidades. Essa situação força-nos a ver o mundo de uma forma seqüencial, isto é, como uma sucessão de eventos, que se seguem uns aos outros ao longo do tempo. O que não é necessariamente assim.

O conceito de "modelo", conforme o utilizo aqui, implica, em geral, uma construção teórica, que encaixa tantos fatos conhecidos quantos estejam disponíveis a alguém, tudo numa embalagem limpa, elegante e compacta. Um bom modelo também propiciará a previsão do comportamento de elementos ou componentes dessa estrutura. Esse é um bom teste da validade do modelo. Também é bom que o modelo não viole nenhuma das leis físicas presentemente aceitas, de modo a não pisarmos nos calos de ninguém, ou causarmos quaisquer disputas. Acredito que o modelo que estou introduzindo satisfaz essas exigências, embora chegue muito perto das fronteiras do conhecimento atual. Mas, então, não há nada de errado em tentar empurrar esse limite um pouquinho mais para diante. Um modelo não passa de um modelo. Não é a verdade absoluta; logo, está sujeito a se modificar, à medida que novas informações despontem no horizonte. Quando um modelo não consegue explicar todos os fenômenos, um outro, novo, terá de ser construído.

A teoria da relatividade enfatiza a noção de que, independentemente daquilo que estamos observando, sempre o faremos relativamente a um sistema de referência, que pode diferir do de outro observador; que precisamos comparar esses referenciais, de maneira a obter medidas e resultados significativos a respeito dos eventos observados.

A teoria quântica afirma que não é possível medir alguns conjuntos de coisas, tais como *momentum* e posição, ao mesmo tempo e com muita precisão; ela sugere (pelo menos numa interpretação amplamente difundida) que isso ocorre porque a consciência do experimentador interage com o próprio experimento. Em conseqüência, torna-se possível que a atitude do primeiro influencie o resultado de qualquer experimento em particular. Agora, isso é coisa séria, porque, a menos que sejamos capazes de explicar e descrever o que é consciência, tal asserção lança dúvida, e sempre, sobre todo experimento. Então, é este o problema: Que é consciência?

Se você folhear este livro, verá uma porção de diagramas e poderá ter a impressão de que se trata de obra técnica, ou até mesmo científica. Bem, não se preocupe com isso. Eu mesmo sou um sujeito um tanto obtuso, que não conseguiria aprender nenhuma matemática. A bem dizer, meu contato com o ensino oficial foi algo de bastante breve: fui expulso do jardim de infância, sob a acusação de algum tipo de atividade subversiva, aos quatro anos de idade, e, desde então, jamais consegui recomeçar estudos normais. Isso para não dizer que não me formei em curso nenhum. Desse modo, minha mente permaneceu virgem, não tendo sido estragada pelo aprendizado de nível superior.

Buscando desenvolver uma linguagem comum, tenho de valer-me de alguns conceitos científicos elementares, tais como o do comportamento das ondas sonoras e luminosas, e finalmente o de holograma. Tentei tornar a descrição desse comportamento o mais agradável e o mais sucinto possível. Tenho de transmitir a vocês o modo pelo qual a natureza trabalha, socorrendo-me de exemplos simples, que serão perfeitamente suficientes para lidarmos com os conceitos finais. Sugiro, portanto, que vocês agüentem comigo os quatro primeiros capítulos. Depois disso, tudo é divertimento, fácil e gostoso como uma descida pelo escorregador.

Vencido o Capítulo 4, as coisas ficam bastante escandalosas, porque me adentro por lugares onde até mesmo os anjos temem pisar. (Considero os anjos uma turma um tanto tímida e pouco dada a aventura.)

Uma das finalidades deste livro é mostrar que, quando as informações sobre temas como fenômenos de *poltergeist*, psicocinesia, PES, fantasmas, telepatia, cura paranormal, experiências místicas espontâneas, etc. são organizadas numa ordem razoável, descobrimos que esses fenômenos são uma manifestação da "consciência" em níveis progressivamente mais elevados.

Por exemplo, tratarei da reencarnação como fato estabelecido, pondo completamente de lado a grande controvérsia que se agita com fúria em torno do tema. Há duas razões para isso: a primeira está no simples fato de que, quando alguém se coloca no adequado nível de consciência, pode, em primeira mão, obter essa informação; a segunda está em sabermos que a energia, num sistema fechado, não pode se perder. A principal característica do fenômeno vida é contrariar a tendência geral, exibida pelas coisas, para se degradarem até "parar de funcionar". Isto é, um sistema que contém um alto grau de ordem tenderá para um estado de desordem enquanto ocorre a dissipação da energia disponível (aumento da entropia).

Tomemos, como exemplo, o corpo humano. Temos de nos alimentar, para nos mantermos vivos. Mas, o que é que comemos? Animais, vegetais ou produtos minerais. E de onde vem isso tudo? Os vegetais ou verduras retiram minerais adequados do solo do nosso planeta, *impõem-lhes ordem* e organizam-nos em moléculas, que são utilizadas na construção das células vivas da planta. Algumas dessas células são digeríveis pelo nosso sistema digestivo, e outras não o são. Nós e outros animais herbívoros comemos a matéria vegetal e organizamo-la numa molécula mais complexa — uma proteína encontrada na carne. Cabe ao homem e a outros predadores a escolha de comer diretamente a proteína construída pelos animais herbívoros.

O DNA de nossos cromossomos, que contém as informações requeridas para a elaboração de cópias extras de nossos corpos, é uma substância extremamente estável. É muito raro depararmos com erros grosseiros nesse sistema. Ou seja, encontramos poucas pessoas com dois narizes, três pernas, etc. Nossas propriedades físicas estão bem protegidas dentro de nossos cromossomos, até os mais sutis pormenores, e ali é mantido um grau muito elevado de estabilidade e ordem. Isso mostra como a vida organiza minerais "randômicos" numa estrutura muito estável, e mantém essa ordem por um longo período de tempo. (Isso é entropia negativa.)

O que acontece quando morremos? A energia vital organizadora parte, e nossos corpos começam a decompor-se rapidamente. Em três dias, nossas preciosas proteínas portadoras de informações decompõem-se em substâncias malcheirosas. Na sepultura, com o tempo, estas romper-se-ão em substâncias ainda mais simples. Devolvemos ao planeta as substâncias que lhe tomamos de empréstimo.

Há, porém, um outro componente da vida além do corpo físico. Sabemos que, no decurso da nossa existência, construímos e armazenamos enormes quantidades de informações. Essas informações também são energia, que está sendo organizada. Durante a infância, os acontecimentos que ocorrem conosco parecem casuais e desconexos, um tipo de bombardeio vindo do mundo dos adultos. Na medida em que crescemos, começamos a reconhecer os padrões de eventos e suas causas. Resumindo, nós lhes *damos ordem*. Essa ordem é análoga àquela que a força vital impôs aos minerais, visando organizá-los e integrá-los num corpo material vivo. No decurso de uma vida (humana), organizamos um bocado de informações, em muitos níveis. Informações emocionais são estruturadas, informações mentais são estruturadas, etc. Esse feixe de informações não é material, embora alguns possam dizer que é o cérebro que o contém. O que aqui temos é um "corpo" de informações. Trata-se de uma entidade não-material, contendo todo o conhecimento acumulado ao longo da nossa vida, incluindo nossos traços de personalidade e nosso caráter. É o "nós" não-material.

Portanto, lidamos na vida com dois sistemas organizadores: um material, e outro não-material. Com a morte, o primeiro decai, e a desordem toma conta. Será que o mesmo ocorre com o sistema não-físico de energia?

Este, a que chamarei de "psique", é o processador e organizador dessas informações, que estão armazenadas fora de nossos corpos físicos. Afirmo que a psique pode existir independentemente do corpo físico, que esta parte de nós mesmos que pensa e conhece é conservada. Ela é não-física e, por isso, não está sujeita à decadência após a morte do corpo físico. Esse "corpo" de informação será, posteriormente, absorvido no grande reservatório de informações produzido por toda a humanidade, e a que darei o nome de "mente universal". Isso, porém, acontecerá depois de um período de tempo muito longo. Poderá demorar muitos milhares, ou milhões de anos, até que venha a ocorrer. Assim, nada se perde. O corpo físico é reabsorvido pelo planeta, e o corpo de informação também retorna à sua origem. Jamais qualquer energia organizada é perdida. Descrevo, no Capítulo 4, um experimento que mostra a independência da psique relativamente ao corpo físico.

Resumindo, proponho que as pessoas com dificuldade para aceitar o conceito de reencarnação considerem esse feixe de informações organizadas como dotado de continuidade no tempo, ao passo que o corpo físico serve apenas de veículo transitório à psique. Quando esta, depois de ficar durante certo tempo sem um corpo físico (o período *post-mortem*), decide que necessita de dados adicionais de informação, obteníveis exclusivamente por meio deste, então adquire um, permanecendo associada ao novo corpo até que ele se desgaste e morra.

Como espero mostrar mais tarde, a Natureza precisa de todas essas informações, que são energia organizada, e não permitirá que sejam desperdiçadas. Serão armazenadas no grande holograma de armazenamento de informações da Natureza: a mente universal.

Normalmente, não temos nenhuma recordação de vidas passadas devido a um mecanismo autoprotetor, semelhante àquele que nos impede de trazer à tona material profundamente enterrado em nosso subconsciente.

Embora tenhamos, nos últimos poucos anos, testemunhado um grande aumento de interesse na área dos fenômenos psíquicos, a maioria das pessoas ainda padece do que se poderia chamar de "síndrome da girafa", que consiste no seguinte: Um belo dia, um velho morador do Bronx decide visitar o zoológico. Enquanto passeia, admirando todos os animais fora do comum, de súbito depara com um par de pernas muito altas. Levanta os olhos e dá com a barriga do animal, que une essas pernas; erguendo ainda mais os olhos, tudo o que vê é pescoço, pescoço e mais pescoço; e então, em algum lugar lá em cima, entre as nuvens, uma cabeça. "Não", diz ele, "isso é impossível. Não existe semelhante animal." E, dizendo isso, vira as costas para a girafa e, calmamente, segue adiante, sem dar sequer uma olhadela para trás.

A maioria das pessoas sofre da síndrome da girafa, que se manifesta sempre que elas ingressam nessas áreas controvertidas. Os cientistas são especialmente afetados, à exceção de muito poucos espíritos pioneiros. O problema reside em que eles enxergam a realidade através de uma janela exígua, e gostam de permanecer dentro dos limites dessa janela. Eles acham que, se a girafa é grande demais para a sua janela, então pior para a girafa. Tanto quanto a questão lhes diga respeito, a girafa não existe.

Felizmente, os níveis de consciência em que divido os diferentes fenômenos são facilmente acessíveis, de modo que ninguém desejoso de empatar tempo e esforço precisa confiar na minha descrição das coisas. Pode ir ao zoológico e vê-las por si mesmo.

Devo desculpar-me com as leitoras por chamar o Criador de "Ele". Um Criador não é nem Ele nem Ela, mas ambos. Contudo, por algum motivo, não pude me decidir a chamá-Lo de "Presidente do Universo". Não creio que Ele se prestasse a tanto, nem eu poderia, depois disso, encará-lo com a consciência tranqüila.

1. SOM, ONDAS E VIBRAÇÃO

Estamos constantemente envolvidos pelo som. Possuímos até mesmo, na nossa cabeça, uma abertura altamente especializada para produzir sons que possam ter significado para outras pessoas. Comunicamo-nos através do som; ele é, com efeito, nosso principal meio de comunicação. Quando, de algum modo, perturbamos o ar, geramos som. O mais leve movimento de nossos corpos perturba o ar à nossa volta, e produzimos som. Quando levantamos a mão, comprimimos o ar na direção em que ela se move, e essa frente de ar comprimido viaja, afastando-se de nós, à velocidade do som, que, no ar, situa-se em torno de 1.190 quilômetros horários.

Quando fazemos movimentos periódicos com a mão, o som torna-se uma nota. Por "som" queremos aqui significar qualquer perturbação acústica aleatória, que pode compor-se de muitas diferentes freqüências. Por outro lado, uma nota é um som de freqüência única. Damos a esse tipo de som o nome de "infra-som", isto é, som que se situa abaixo do nosso limite de audição. Todavia, quando uma mosca,

23

ou um mosquito, bate as asas, ela o faz suficientemente rápido, de modo que, com certeza, podemos ouvi-la. O rápido oscilar de suas asas gera compressões e rarefações no ar, a intervalos uniformes, que se tornam audíveis para nós. Em resumo, uma mosca, ou mosquito, está produzindo um som ou uma nota.

Fig. 1

Vamos tentar fazer som de uma maneira menos óbvia.
Tomemos de um pedaço curto de fio metálico, ligando suas duas extremidades a uma bateria por meio de um comutador (Fig. 1), e fechemos o circuito. Na escola, disseram-nos que três coisas acontecem: (1) flui corrente elétrica de um lado para outro da bateria; (2) é emitido um campo magnético, perpendicular a essa corrente, o qual se expande ao infinito à velocidade da luz, que é algo em torno de 300.000 quilômetros por segundo; e (3) o fio vai ficar levemente aquecido. Provavelmente, não nos disseram que: (4) quando o fio se aquece, ele se expande e, por isso, empurra o ar, produzindo um tipo de som; ou (5) quando a massa do fio é assim acelerada, produz ondas gravitacionais, pois toda vez que uma massa é acelerada ela irradia ondas gravitacionais, que também se propagam rumo ao infinito à velocidade da luz.

Alguns dirão que a intensidade dessas ondas é, com certeza, infinitesimalmente fraca. Mas isso não nos preocupa, pois o fato é que elas estão presentes. Então, ao menos teoricamente, nossa ação de ligar o comutador terá sido transmitida até os limites externos da atmosfera terrestre, devido ao movimento do ar, e até aos confins do universo, graças à expansão do campo magnético ao redor do fio, e à onda gravitacional, produzida pela aceleração do fio. O propósito deste exemplo é mostrar como, em princípio, até mesmo nossas menores e mais insignificantes ações serão levadas para toda parte, influenciando, desse modo, algo ou alguém — quer esse algo ou esse alguém o perceba ou não.

Devemos, agora, observar outros efeitos do som.

Se prendermos uma corda num suporte, esticando-a (Fig. 2A) e, então, a beliscarmos na metade de sua extensão, veremos seu contorno delineado nas posições extremas do movimento que realiza. Tal movimento, como a figura mostra, forma dois arcos simétricos. Se ferirmos a corda num ponto correspondente à quarta parte do seu comprimento, observaremos uma forma como a que é mostrada na Figura 2B. Em ambos os casos, temos *ondas estacionárias*. Tais ondas são obtidas somente quando ferimos a corda em posições que a dividam em números inteiros. Na Figura 2A, o comprimento do suporte corresponde à metade de uma onda; na Figura 2B, ela acomoda todo o comprimento de uma onda. Nesta figura, a corda exibe um ponto central de repouso, e dois outros, nos quais ela se liga ao suporte. Tais pontos de repouso são chamados *nodos*. Todos os demais pontos da corda estão vibrando. Quando os nodos acham-se imóveis e fixos ao longo da corda, enquanto o restante desta vibra, temos um padrão de comportamento chamado "onda estacionária".

Fig. 2A

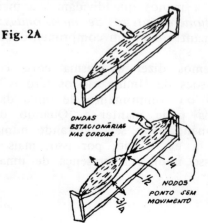

Fig. 2B

Suponha, agora, que pegamos uma chapa fina de metal (Figura 3), prendendo-a por um de seus lados, de tal modo que fique na horizontal. Espalhemos sobre ela, uniformemente, um pouco de areia seca. Então, usando um arco de violino, atritamos uma das bordas livres, até que a chapa emita uma nota. Muito em breve, estaremos constatando que os grãos de areia distribuem-se sobre a folha de metal, agrupando-se num padrão simétrico. Quando tangemos o arco em diferentes pontos da borda da chapa, obtemos padrões diferentes, e muito bonitos.

O motivo dessa agregação de grãos de areia é que estamos produzindo, no metal, as assim chamadas ondas estacionárias, versão bidimensional das que surgem na corda. Elas apresentam áreas ativas, que vibram para cima e para baixo, e nodos, que são áreas de inatividade. Os grãos de areia mover-se-ão para longe das regiões em vibração, acumulando-se naquelas que se acham em repouso. Eles gostam de ser deixados em paz, de modo que irão para os lugares tranqüilos, de baixa energia. Na realidade, essas formas desenhadas pela areia tornam visíveis a nós o padrão de ondas estacionárias na folha de metal. Essas ondas estacionárias dividem automaticamente o comprimento e a largura da placa em um número inteiro de meios comprimentos de onda (Fig. 4). Somente nessas condições essa onda consegue se manter. Isso é assim por definição. Ondas estacionárias não podem existir a menos que dividam seu meio de propagação em um *número inteiro de meias-ondas*. Elas não são capazes de se manter com um comprimento de onda fracionário.

Também podemos dizer a mesma coisa com outras palavras: As dimensões da lâmina são os fatores que determinam o tamanho ou comprimento de onda da onda estacionária que nela pode manter-se. Quando uma estrutura está em ressonância (ou seja, vibrando numa freqüência que é natural a ela, sendo, por isso, mais facilmente auto-sustentável), isso implica a presença de uma onda estacionária.

Fig. 3

Fig. 4

Vejamos se podemos visualizar esse tipo de comportamento em três dimensões.

Poderíamos tomar de uma caixa transparente (Fig. 5), enchê-la com um fluido, e nela espalhar partículas com a mesma gravidade específica do fluido, de modo que permaneceriam dispersas no mesmo, sem afundar.

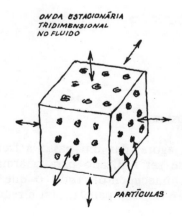

Fig. 5

27

Então, vibrando sincronicamente todos os seis lados dessa caixa, poderíamos levar as partículas a se agregarem num padrão tridimensional simétrico, parecido com um cristal grandemente ampliado, desde que admitamos serem os agregados de partículas análogos aos átomos de um cristal. Mais uma vez, teremos produzido um padrão de ondas estacionárias, um análogo tridimensional desse tipo de onda na corda e na placa de metal. Ao mesmo tempo, criamos um objeto tridimensional, análogo a um bloco de construção básico da Natureza, bem como a um cristal dotado de alto grau de ordem. Fizemos isso simplesmente aplicando *som* a uma suspensão amorfa e desorganizada de partículas.

Estabelecemos, na caixa, um padrão de interferência de ondas estacionárias (em breve, explicaremos o que isso vem a ser), que governa a posição das partículas. Em resumo, usando som, *introduzimos ordem* onde ela não existia.

Não poderia uma estrutura cristalina ser concebida como representando o som interagindo num volume? Seria possível que o padrão ordenado de átomos na matéria fosse o resultado da interação, na própria matéria, de "ondas sonoras" de algum tipo?

LÂMINA DE GELO

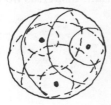
Fig. 6

Sons superpostos

Vamos, agora, dar um passo à frente e ver se o "som" também pode ser utilizado para o armazenamento de informação ou conhecimento. Tudo o que precisamos para esse experimento é de uma panela, rasa e redonda, e de três seixos.

Encha a panela com água. Agora, deixe cair as três pedrinhas, simultaneamente, conforme está indicado na Figura 6, e observe as ondulações que se propagam. Cada pedrinha é uma fonte de ondas, que se espalham uniformemente pela água. (Vamos negligenciar as pequeninas ondulações que se refletem nas paredes da panela.) As ondas entrecruzam-se e formam um padrão bem complexo de pequenas ondulações na superfície da água, que nos parecem bastante caóticas. Contudo, há uma ordem nesse aparente caos.

Tudo o que aí acontece resume-se no fato de que a onda originada em cada um dos seixos propaga-se e alcança a borda da panela. Com isso, as ondas se entrecruzam e interagem umas com as outras, a caminho das margens da panela. Essa interação[1] cria uma estrutura complexa, chamada *padrão de interferência*. Não obstante, se analisarmos cuidadosamente esse padrão, poderemos rastrear cada ondulação de volta até sua origem — o seixo. Vamos, agora, congelar rapidamente a superfície da água, e retirar a camada de gelo ondulada, que resultou. Estaremos segurando, em nossas mãos, o registro de um padrão de interferência de ondas, que até podemos chamar de *holograma*.[2]

Padrões de interferência e freqüências de batimento

Para explicar o que é um padrão de interferência, temos de aprender duas propriedades adicionais do som, em

1. A noção de "superposição" está incluída no termo "interação", que é mais amplo.

2. Um holograma consiste, usualmente, numa película fotográfica plana, em que as informações sobre o contorno do objeto são registradas sob a forma de um padrão de interferência de frentes de onda. Quando esse filme é iluminado com o mesmo tipo de luz empregado para registrar a informação, a frente de onda é reconstruída, e a imagem aparece, no espaço, como um objeto tridimensional, idêntico, na "forma", ao objeto original. Ver Kock, Winston E., *Lasers and Holography*. Nova York: Doubleday-Anchor, 1969; Londres: Heinemann Educ., 1972.

suas diferentes formas: (1) interferências construtiva e destrutiva; e (2) freqüências de batimento.

Vejamos a primeira. Na Figura 7A, você verá o que acontece quando dois padrões ondulatórios, de igual freqüência, ou comprimento de onda, e também de mesma amplitude, se encontram.

Vamos tentar superpô-los. Na Figura 7A, vemos que as cristas (e os vales) das freqüências nas fileiras *a* e *b* correspondem-se mutuamente. Se os superpusermos, medindo-lhes as alturas ou amplitudes a partir de suas linhas-bases, descobriremos que as cristas coincidem com as cristas, e os vales com os vales. E que, quando somados, produzem uma forma de onda duas vezes mais alta que as originais, conforme está mostrado na fileira *c*. Isso é conhecido como *interferência construtiva*, porque há um aumento da amplitude da onda.

Se agora olharmos a Figura 7B, descobriremos que as cristas sobrepõem-se aos vales, e estes àquelas. E, se fizermos sua soma, veremos que eles se cancelam uns aos outros, como indica a linha reta na fileira *c*. Isso é conhecido como *interferência destrutiva*.

Todo esse mecanismo está se processando em nossa panela com água. Se prestarmos atenção à camada de gelo, descobriremos que onde uma crista encontra outra acabamos tendo uma crista duas vezes mais alta que as ondas originais; e, onde uma crista superpõe-se a um vale, tudo o que encontramos é um local plano.

Essa é a natureza de um padrão de interferência. Contudo, há muitas formas possíveis para esse padrão. Podemos tê-las numa única dimensão — como quando vibramos uma corda —, ou em duas dimensões — como em nossa panela rasa —, ou ainda em três dimensões — como em nossa caixa, na Figura 5.

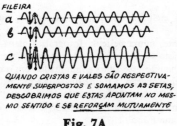

QUANDO CRISTAS E VALES SÃO RESPECTIVAMENTE SUPERPOSTOS E SOMAMOS AS SETAS, DESCOBRIMOS QUE ESTAS APONTAM NO MESMO SENTIDO E SE REFORÇAM MUTUAMENTE

Fig. 7A

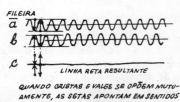

LINHA RETA RESULTANTE

QUANDO CRISTAS E VALES SE OPÕEM MUTUAMENTE, AS SETAS APONTAM EM SENTIDOS OPOSTOS. QUANDO SUPERPOSTOS, CANCELAM-SE UNS AOS OUTROS

Fig. 7B

Freqüências de batimento

Agora que sabemos o que é um padrão de interferência, será relativamente fácil entender o que seja uma freqüência de batimento. Observe a Figura 7C.

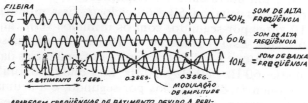

Fig. 7C

Nela, vemos uma freqüência de, digamos, 50 ciclos por segundo, representada na fileira *a*; e uma outra freqüência de, digamos, 60 ciclos por segundo, representada na fileira *b*. Se somarmos essas freqüências, como fizemos antes, descobriremos um fenômeno interessante. A fileira *c* mostra o resultado da adição das duas freqüências. O que vemos é uma forma de onda semelhante a um colar de lentilhas vistas de perfil, que se sobrepõe às formas de onda descritas nas fileiras *a* e *b*. Se examinarmos com cuidado a Figura 7C, a razão disso ficará óbvia.

A partir da esquerda, vemos que, na fileira *c*, a amplitude (altura da onda) é baixa onde as cristas e os vales se opõem mutuamente; e alta onde ambas as formas de onda coincidem ou se reforçam reciprocamente, o que resulta em interferência construtiva. Para lançar mão de um termo técnico, diz-se que, neste caso, os padrões ondulatórios estão *em fase*.

Agora, à medida que nos movemos para a direita, reparamos que as ondas *a* e *b* saem, gradualmente, de fase, e que as cristas começam a encontrar os vales, e portanto a se opor mutuamente, o que denota a ocorrência de uma interferência destrutiva, que atinge o seu máximo a cada quinto ciclo, formando uma "cintura" estreita na amplitude ou "volume" do som, em cada um desses pontos.

A configuração representada na fileira c consistirá, portanto, numa "modulação" do som básico, que possui uma amplitude fixa. Modulação significa uma alteração que está sendo causada num comportamento que, de outro modo, seria homogêneo e uniforme. No nosso caso, isso quer dizer que há um acréscimo e um decréscimo na amplitude, ou "volume", do som de freqüências iguais a 50 e 60 ciclos/s. Essa modulação ocorrerá 10 vezes por segundo, com os mínimos verificando-se a cada 6 ciclos. Essa modulação de 10 Hz[3] denomina-se freqüência de batimento, e é a diferença entre as freqüências das ondas a e b, ou seja: 60 Hz - 50 Hz = 10 Hz. Se a onda "sonora" a tivesse uma freqüência de 10 ciclos por segundo, e a b uma de 12 ciclos por segundo, obteríamos, pela superposição dessas duas freqüências básicas, uma freqüência de batimento igual a 12 - 10 = 2 ciclos por segundo.

O conhecimento dessas duas propriedades do "som" revelar-se-á importante na parte final deste livro.

Note que a diferença entre as duas freqüências rápidas produz uma terceira, muito mais lenta que as primeiras. Este é, então, um belo mecanismo para converter freqüências altas em freqüências baixas.

Armazenamento de informações pela Natureza

Retornemos, agora, à lâmina de gelo que tiramos da panela, e tratemos de iluminá-la, encontrando uma fonte de luz adequada (Fig. 8).

Para grande surpresa nossa, descobriremos ser possível ver os três seixos suspensos no ar, desde que olhemos, através do gelo, em direção à fonte de luz. Eles nos parecerão bastante tridimensionais, o que é um resultado totalmente inesperado. Ao que parece, a superfície ondulada do gelo, ou padrão de interferência, de algum modo *armazenou*

---

3. Um ciclo por segundo é expresso, em linguagem técnica, como 1 hertz ou, abreviadamente, 1 Hz.

as informações acerca da localização e da forma dos seixos. A superfície do gelo atuou à maneira de uma lente distorcida, de modo a focalizar a luz nos pontos ocupados pelos seixos, que foram a causa de todas essas ondulações. A superfície em questão, de aparência caótica, é, na verdade, um dispositivo de armazenamento de informações.

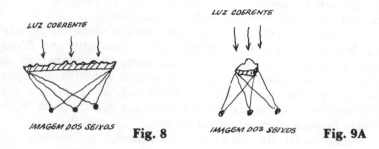

Fig. 8 Fig. 9A

Suponha agora que, devido a um momentâneo lapso de atenção, ou pura falta de jeito, essa casca de gelo escorregue de nossas mãos, cai no chão e se quebra. Aborrecidos, recolhemos os pedaços; mas, antes de jogá-los fora, retemos um deles e o iluminamos, exatamente como fizemos com a lâmina grande. Para nossa grande surpresa, descobrimos novamente os três seixos, projetados em pleno ar (Fig. 9A). Como isso aconteceu?

Lembre-se de que a informação a respeito da posição de cada pedrinha foi transportada pelas ondas que se moviam em direção à borda da panela. Sabemos que, se tivéssemos deixado cair apenas um seixo dentro dela, seria muito fácil localizá-lo. Simplesmente, procuraríamos o centro dos anéis concêntricos, ou seja, das frentes de onda. Também estamos cientes de que as ondas produzidas pelos seixos atravessaram toda a superfície limitada pela borda da panela; naturalmente, ao longo de toda essa superfície, e em cada centímetro quadrado dela, as ondas interagiram mutuamente. Podemos demonstrá-lo assim: os arcos que cada pedrinha criou estão cruzando um pequeno trecho da su-

33

perfície, e cada um deles pode ser rastreado de volta, até sua origem (Fig. 9B). É este o princípio básico do holograma.

Entretanto, eu não recomendaria a você que tentasse realizar esse experimento. Na prática, não vai funcionar, devido a certas razões técnicas complicadas, que não vamos examinar. Mas ele é perfeitamente útil para o propósito de explicar o funcionamento do mais instigante dos mecanismos de armazenamento de informações o holograma. É o meio pelo qual a Natureza guarda informações.

Já existem evidências de que nossos cérebros armazenam holograficamente as informações. Esse tipo de dispositivo de armazenamento é o mais compacto conhecido na Natureza. Um exemplo disso é o código genético transportado em nossos cromossomos. Cada célula de nossos corpos transporta todas as informações necessárias para a fabricação de uma cópia adicional deles.

Nosso êxito em armazenar informações no sistema que acaba de ser descrito depende, é claro, do comportamento, previsível e ordenado, das ondas dentro da panela. Elas devem ser consistentes tanto na velocidade quanto na distância que as separa, ou comprimentos de onda. É isso que as torna confiáveis como portadoras de informações; caso contrário, tudo o que obteríamos não passaria de uma confusão de ondas.

É aqui que a coerência faz a sua entrada.

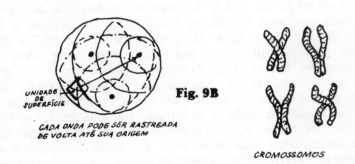

34

Coerência

Chegados a este ponto, seria bom descrever o modo de construção de um holograma real, a fim de que você se familiarize com esse importante conceito.

Entendemos por *coerência* um certo tipo de ordem. No presente caso, falaremos sobre luz coerente, sem a qual um bom holograma não pode ser construído.

A mais popular das fontes de luz coerente é um laser. O primeiro aspecto importante do laser é que ele gera luz de uma única freqüência. Todos sabemos que nosso Sol envia-nos luz que pode ser decomposta, graças a um prisma, num espectro que contém todas as cores do arco-íris. Um laser gera luz de uma só das cores do arco-íris, a que damos o nome de "luz monocromática". Além disso, a luz emitida pelo laser é coerente, isto é, propaga-se em fase. Com isso, queremos dizer que toda a luz emitida avança em frentes planas e uniformes (Fig. 10). Isso torna possível à luz do laser manter-se num feixe estreito ao longo de distâncias muito grandes.

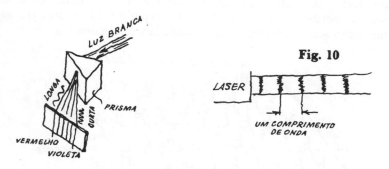

Fig. 10

Há um modo de descrever melhor o que é coerência.

Suponha que, numa parada militar, tenhamos um destacamento de soldados marchando por uma rua principal. Eles marcham em filas de dez, lado a lado, cuidadosamente alinhados, em cada fila. As distâncias entre estas são fixas, o que é análogo às distâncias iguais entre as cristas das ondas luminosas. O fato de estarem cuidadosamente alinhados, ombro a ombro, nenhum deles saindo da formação, é, por sua vez, análogo ao fato de a luz estar em fase. Resumindo, a fila de soldados é análoga ao feixe de luz emitido pelo laser.

Suponha, agora, que ocorra uma anomalia na marcha, e que um dos soldados, sem olhar para os companheiros, avance e pise no calcanhar do que segue bem na sua frente. Este, pensando que retardou, entra em pânico, dá um pulo e colide com o da frente. Tem início um pânico generalizado, onde os soldados, dando encontrões uns nos outros, alteram a largura da coluna móvel, que até então se mantinha inalterada.

A coluna, antes bem ordenada e coesa, diverge, alarga-se e, depois, abre-se completamente, numa grande desordem, a despeito de o comandante permanecer apitando, arrancando os cabelos e usando uma linguagem violenta, na tentativa de restabelecer a formação.

O que aprendemos com essa desastrosa parada é que um feixe de luz só permanece concentrado e estreito como um feixe de laser enquanto mantém a coerência. Quando esta se perde, o feixe tende a se expandir rapidamente, assim como acontece com a luz de uma lanterna comum.

O holograma

Já vimos que as informações podem ser armazenadas num padrão de interferência de ondas. Para que a interferência se processe, devemos ter, pelo menos, *dois componentes* interagindo. A Figura 11 mostra como isso é obtido:

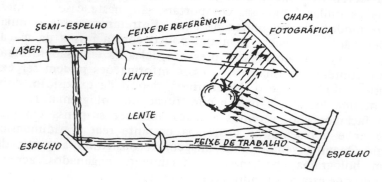

Fig. 11

O feixe luminoso do laser atravessa um semi-espelho e é dividido em duas partes. Um semi-espelho é um espelho semitransparente. Essa divisão permite que uma das partes do feixe prossiga seu caminho, sem sofrer perturbações, enquanto a outra parte é defletida rumo a um espelho. Ambos os feixes, que são estreitos, alargam-se ao atravessarem lentes. A parte do feixe original que atravessou o semi-espelho — e que chamaremos de *feixe de referência* — incide numa chapa fotográfica após um percurso livre de quaisquer eventos significativos, indo, então, imprimir sua marca na película.

Daremos à outra metade do feixe original, aquela que sofreu a deflexão, o nome de *feixe de trabalho*. No seu percurso, ocorreu um evento: ele encontrou um objeto, no caso uma maçã, à qual iluminou, e com a qual interagiu. (Não levamos em consideração os encontros com espelhos e lentes.) O feixe de trabalho será, então, refletido pela maçã, e cairá sobre o filme, onde encontrará seu irmão gêmeo — o feixe de referência — e lhe contará suas experiências com a maçã. (Nenhum dos dois suspeita que a interação entre ambos está sendo gravada no filme.) Essa interação dará origem a ondulações entre eles, que constituirão o padrão de interferência, com o qual já estamos familiarizados, uma vez que as ondas luminosas comportar-se-ão, neste caso, do mesmo modo que as ondas na água. Entretanto, essas ondulações não se parecem nem um pouco com a forma da maçã; mas, como já sabemos, a presença delas na emulsão fotográfica contém informações, e essas informações podem ser extraídas do filme se o iluminarmos, depois da exposição, com a mesma luz usada para a construção do holograma. Tão logo façamos isso, veremos a maçã aparecer suspensa em pleno ar e apresentando aparência bastante real e tridimensional. Quando vemos uma imagem reconstruída a partir de um holograma, podemos ser facilmente enganados, acreditando que estamos vendo o objeto verdadeiro.

Observe que o importante na criação de uma imagem holográfica é a interação de um feixe de referência — puro, virgem e intocado — com um feixe de trabalho, que passou por algumas experiências em sua vida. A magnitude dessas experiências está sendo medida pela comparação com o feixe de referência, que serve de base para essa comparação.

Toda a nossa realidade é construída efetuando-se constantemente tais comparações. Nossos sentidos, que nos descrevem essa realidade, o tempo todo estão fazendo essas comparações. Mas, infelizmente, eles não dispõem de um referencial absoluto, e precisam, por isso, gerar seu próprio referencial, relativo. Desse modo, sempre que percebemos alguma coisa, somente percebemos diferenças.[4]

Para reconhecermos como é óbvia a utilidade dessas diferenças, vale a pena tomar um exemplo à Natureza.

---

4. Quer se trate de calor ou frio, de luz ou escuridão, de silêncio ou barulho, sempre comparamos duas quantidades relativas. No que se refere à nossa realidade cotidiana, não dispomos de nenhuma medida absoluta, seja do que for.

Veja o morcego. Todos sabemos que essa pequena criatura parecida com o camundongo alimenta-se de insetos, que

HOLOGRAMA DE UMA MAÇÃ

IMAGEM TRIDIMENSIONAL DA MAÇÃ RECONSTRUÍDA

captura em vôo. Por ser um animal noturno, o morcego desenvolveu um mecanismo semelhante ao sonar,[5] que lhe é de alta valia, permitindo-lhe viver com razoável tranqüilidade. Ele possui, em sua cabeça, estruturas altamente especializadas, que lhe possibilitam emitir um som de freqüência muito alta, bem como dirigi-lo num feixe bastante estreito. É esse o seu feixe de referência. Assim que esse feixe encontra um inseto em vôo, uma parte dele é refletida de volta para o morcego (Fig. 12). Ele apanha esse eco, a que podemos chamar de "feixe de trabalho", e compara-o com o guincho original. Haverá uma diferença entre os dois (chamada efeito Doppler), e essa diferença diz ao morcego qual a distância que o separa do inseto, bem como a velocidade de vôo deste com relação ao primeiro. À medida que o morcego aproxima-se vitoriosamente do inseto, a diferença entre as duas freqüências — a freqüência emitida e o eco — diminui. Quando ela se torna muito pequena, o morcego abre a boca e engole o eco. Com toda certeza, ele sabe que alguns ecos são mais saborosos que outros.

5. Sonar: dispositivo de detecção subaquática de som.

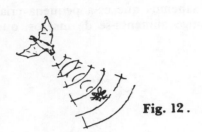 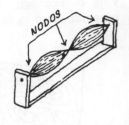

Fig. 12.

Vemos agora que, apreciando a *diferença* entre dois sons ou vibrações, é possível sair-se muito bem na vida. Há muitas criaturas que ganham a vida avaliando diferenças sonoras: toninhas, baleias e muitas outras. Nós, humanos, também nos utilizamos dessa técnica, de maneiras menos óbvias na visão em cores, na audição, etc.

Osciladores e sistemas ressonantes

Podemos descrever um oscilador como qualquer objeto que se move de maneira regular, periódica. Podemos chamar de oscilador uma corda em vibração, ou um peso pendurado numa mola, ou um pêndulo. Essa designação pode ser aplicada a qualquer coisa que realize um movimento repetitivo, periódico, isto é, que vibre. Podemos generalizar e dizer que os osciladores produzem um som, ou uma nota, audível ou não, na medida em que alteram de maneira *periódica* o ambiente que os circunda. Esse ambiente, ou meio, pode ser um tecido — como no caso do sistema oscilante cárdio-aórtico —, pode ser água, ar, campos elétricos, campos gravitacionais, ou qualquer outra coisa.

Suponha que afinemos dois violinos e, depois, coloquemos um deles numa mesa, produzindo uma nota no outro. Se observarmos atentamente, veremos que a mesma corda que ferimos, num dos violinos, também está sendo emitida pelo outro, em cima da mesa. Fica claro que, entre os dois instrumentos, há uma "ressonância simpática". Vamos analisar o que está acontecendo.

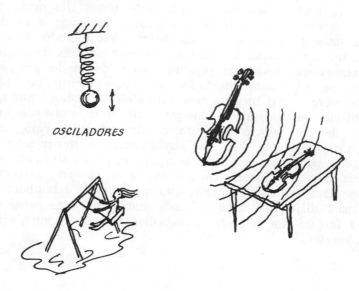

OSCILADORES

Quando atritamos o arco na corda, esta vibra na sua freqüência natural, que chamamos de "autofreqüência". Sabemos que, se os dois violinos estiverem corretamente afinados, as freqüências naturais de ambas as cordas serão idênticas. Num sistema como esse (chamaremos o par de violinos de "sistema"), é muito fácil transferir energia. Referimo-nos, no presente caso, à energia acústica. As ondas geradas pelo primeiro violino, e que se propagam no ar, encontram-se com o segundo instrumento. A corda que está afinada com a nota emitida absorverá, preferencialmente, a energia das ondas dessa freqüência, porque essa energia chega até ela na sua própria freqüência natural. Portanto, dentro desse sistema, a transferência de energia é ótima. A tal sistema, formado por dois *osciladores sintonizados*, dá-se o nome de "sistema ressonante".

Tomemos outro exemplo. Suponha que temos vários relógios de parede, daqueles antigos, que usavam pêndulo, do tempo de nossos avós. Penduremos todos eles numa parede, fazendo com que seus pêndulos comecem a oscilar, cada um a partir de um ângulo diverso, isto é, todos fora de fase, uns em relação aos outros. Em um ou dois dias, constataremos que todos os pêndulos estão oscilando em fase, como se estivessem engatados. (O comprimento dos pêndulos deve ser o mesmo para todos eles.) Vemos aqui que a ínfima quantidade de energia transferida através da parede, de um relógio para outro, foi suficiente para colocar todos eles em fase. Se perturbarmos o movimento de um dos pêndulos, ele voltará rapidamente a entrar em sincronia com os demais. Quanto maior o número de osciladores num tal sistema, mais estável ele será, e também será mais difícil perturbá-lo. Com muita presteza, esse sistema forçará um oscilador desobediente a operar no padrão do conjunto.

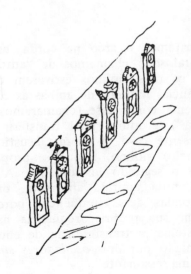

O som do corpo

O coração é um grande gerador de ruído. É fácil provar isso, bastando colar o ouvido ao peito de alguém, e escutar as batidas de seu coração. Cada uma delas sacode o corpo todo, e este, por sua vez, dá uma resposta típica, que pode ser facilmente medida. A Figura 13 mostra a aparência desse movimento quando medido por um instrumento sensível semelhante a um sismógrafo.[6] Esse movimento acha-se claramente relacionado com a excitação cardíaca. De fato, o pico mais pronunciado que vemos no gráfico tem sua causa na ejeção de sangue pelo ventrículo esquerdo. O intervalo entre os picos mais altos parece bastante irregular, e é causado pela vibração do corpo em decorrência da ação do fluxo sangüíneo na aorta, a maior artéria do nosso corpo. Esse intervalo irregular é devido a um padrão de interferência destrutiva instalado na aorta, conforme será mostrado adiante.

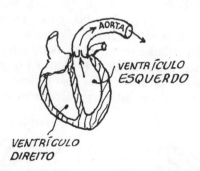

Quando paramos de respirar, o traçado irregular da Figura 13 transforma-se, praticamente, num padrão senoidal, de aparência suave e regular (Figura 14), o que é surpreendente. Quando investigamos as razões desse comportamento, descobrimos que o sistema cárdio-aórtico tornou-se um sis-

---

6. O sismógrafo é um instrumento usado na medição de tremores da crosta terrestre durante terremotos.

tema ressonante, como é mostrado na Figura 15. Nele, o comprimento da aorta corresponde a meio comprimento de onda desse sistema. Por sistema ressonante queremos dizer que ele ressoa exatamente como um instrumento musical afinado.

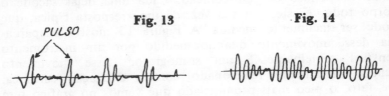

Fig. 13   Fig. 14

Isso tudo parece indicar o seguinte: Quando o ventrículo esquerdo expulsa o sangue, a aorta — que goza de elasticidade — incha na região imediatamente após a válvula mitral. Com isso, um pulso de pressão é gerado, propagando-se artéria abaixo (Figura 16). No instante em que esse pulso atinge a bifurcação existente no baixo-ventre (que é onde a aorta se biparte em direção às pernas), parte do pulso reflete-se de volta e começa a subir pela artéria. Se nesse ínterim o coração ejeta mais sangue, fazendo com que um novo pulso de pressão caminhe para baixo, essas duas frontes de pressão eventualmente irão colidir em algum lugar da aorta, originando um padrão de interferência. Isso reflete-se no movimento do corpo e é a causa do padrão irregular mostrado na Figura 13.

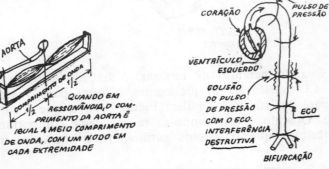

Fig. 15   Fig. 16

Quando, porém, a respiração pára, é como se algum tipo de comunicação fosse estabelecido entre o coração e a bifurcação. Alguma espécie de sinal parece viajar desta para aquele, dizendo-lhe: "Coração, agüenta um pouco. Segure a próxima sístole, até que o eco gerado na bifurcação retorne até você, e, só então, lance outra quantidade de sangue."

Ao acontecer isso — o eco e o pulso deixando, juntos, o coração, e continuando a subir e descer, sincronizadamente, diz-se que um tal sistema está em ressonância. Isso faz com que o corpo vibre harmoniosamente, para cima e para baixo, a um ritmo de cerca de sete vezes por segundo. Daí o padrão senoidal da Figura 14, suave, regular e de grande amplitude. Essa amplitude, ou altura do sinal, é cerca de três vezes maior que a média do sinal normal.

Outra característica do comportamento ressonante é que ele exige para a sua sustentação uma quantidade mínima de energia.

Bem. Mas por quanto tempo conseguimos manter suspensa a respiração? Com certeza, por não mais de cerca de um minuto, quando a situação passa a ficar desconfortável. A partir daí, reiniciamos a respiração e arruinamos o padrão rítmico suave e uniforme. Não nos esqueçamos de que nosso corpo inclui a cabeça, e que dentro do crânio se encontra, cuidadosamente acondicionado, um delicadíssimo instrumento: o cérebro, que está almofadado por uma fina camada de fluido e envolto por uma membrana firme, a *dura-mater*. Talvez, um dos jeitos mais simples de visualizarmos esse sistema consista em imaginar uma fruta relativamente macia e redonda — um pêssego, por exemplo — fechada numa lata que contém uma calda espessa. Se sacudirmos a lata, perceberemos que o pêssego tocará o topo e o fundo da mesma, e será acelerada, com um pequeno retardo, no sentido em que se dá o movimento. É um movimento bastante pequeno, algo entre apenas 0,005 mm e 0,010 mm. É exatamente essa a situação do cérebro.

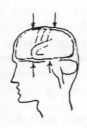 

A pergunta é: Como é possível que não nos damos conta de que isso acontece conosco? Provavelmente é porque quando algo está ocorrendo no sistema nervoso durante um longo período de tempo, e sem que se trate de evento traumático, não haverá registro por parte da nossa atenção consciente, porque a região cerebral responsável pela censura e que separa sinais significativos de sinais não-significativos relegará esse fato para segundo plano, lançando-o no amontoado dos sinais não-importantes, que não requerem processamento consciente. Temos essa experiência quando nos acostumamos a desprezar o tique-taque de um relógio próximo a nós, mesmo que o som esteja bem audível, ou quando nos abstraímos do ruído que há dentro da cabine de um avião. Não obstante, o ruído é arquivado em algum lugar e nos afeta de algumas formas sutis.

Se perguntássemos ao cérebro como ele gostaria de ser tratado — se sacudido ao acaso, num ritmo irregular, ou se de modo rítmico e harmonioso — podemos estar certos de que ele, ou até mesmo todo o corpo, preferiria a segunda maneira.

Encadeamento rítmico

Suponha que, numa agradável noite de verão, damos uma saída e percebemos alguns vagalumes pousados num arbusto, piscando. Inicialmente, esse acender é aleatório, mas logo notamos que, lentamente, uma ordem vai sendo estabelecida. Depois de certo tempo, vemos que os vagalumes estão, por todo o arbusto, piscando em uníssono. Esse fenômeno é conhecido como *encadeamento rítmico*. Parece que, em termos de energia, a Natureza considera mais econômico desenvolver eventos periódicos, que contam com freqüências bastante próximas, de modo a se processarem em fase uns com os outros. Esse é o significado do encadeamento rítmico.

Vamos dar um outro exemplo. Quando se constroem circuitos eletrônicos com osciladores (do tipo eletrônico, usuais em circuitos de rádio ou TV), que além disso vibram em freqüências suficientemente próximas entre si, eles tenderão a encadear seus ritmos, trabalhando em fase, e oscilando na freqüência natural de um deles. Comumente, o oscilador mais rápido é o que força os mais lentos a operarem nesse andamento. Aqui, mais uma vez, a Natureza sente que, na presença de dois ou de qualquer número de osciladores que vibrem com freqüências mutuamente bem próximas, é mais econômico mantê-los operando juntos do que insistir em deixá-los com suas pequenas diferenças.

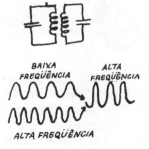

Observam-se na Natureza efeitos da maior importância envolvendo encadeamento rítmico. Nossos ritmos biológicos são encadeados pela luz e, até certo ponto, por efeitos gravitacionais. São esses os dois fatores mais óbvios. Contudo, efeitos magnéticos, eletromagnéticos e atmosféricos, e sutis efeitos geofísicos, influenciam-nos por meios que, atualmente, não são bem compreendidos. É comum levantarmos com a luz do dia, e dormirmos à noite. Os ciclos de sono-vigília dos pássaros e dos outros animais são mais fortemente atados ao ciclo dia-noite do que os de nossa humanidade "civilizada", porque nós desenvolvemos fontes artificiais de luz, e podemos, à vontade, alterar nosso ciclo dia-noite. Entretanto, todos sabemos que, quando nosso ciclo dia-noite, que coordena nossos relógios biológicos, é drasticamente alterado — como ocorre ao fazermos um vôo longo, na direção leste-oeste, cruzando vários fusos horários — nosso biorritmo sofre uma influência tão marcante, que se faz sentir na nossa capacidade de funcionar no novo ambiente, por um ou dois dias.

O Prof. Frank Brown Jr., da Universidade do Noroeste, em Evanston, Estado do Illinois,[7] conduziu um interessante experimento.

Procurando determinar quais fatores influenciam o biorritmo dos animais, ele trouxe para o seu laboratório algumas ostras, cujo *habitat* era o estreito de Long Island, distante cerca de 1.610 km, na direção leste-oeste. Essas ostras abrem

---

7. Gauquelin, Michel. *The Cosmic Clocks*. Chicago: Regnery, 1974; Londres: Peter Owen, 1969.

e fecham suas valvas no ritmo das marés. Os animais, postos dentro de pequenos recipientes opacos, cheios de água do mar, foram despachados por navio. Logo ao chegar, foram guardados num laboratório, privados da luz do dia. Ao primeiro exame, as ostras, "engrenadas" no ritmo das marés do estreito de Long Island, continuaram abrindo e fechando suas conchas em correspondência a esse ritmo. Em cerca de duas semanas, porém, elas começaram a alterar seu ritmo, e, pouco depois, estabilizaram-se num ritmo que coincidia com a passagem da lua sobre Evanston, Illinois. Neste caso, podemos admitir que as ostras são, na verdade, ritmicamente encadeadas pelos efeitos gravitacionais provocados pela lua.

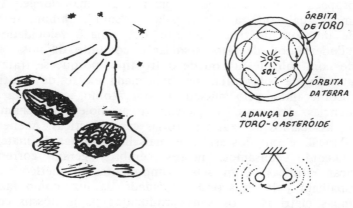

A DANÇA DE TORO - O ASTERÓIDE

No entanto, não somos apenas nós — as pequeninas criaturas deste planeta — que estamos submetidas ao encadeamento rítmico. Os grandes e poderosos asteróides, e os próprios planetas, também o estão, e criam ressonâncias em suas órbitas à medida que giram ao redor do Sol. Os asteróides, que são planetas menores, não apenas respondem à tração gravitacional do Sol como também são fortemente afetados pelos campos gravitacionais dos principais planetas. Eles têm, por assim dizer, de dançar conforme a música tocada por dois senhores, de maneira que criam pequenas danças para a música das esferas, com o que pagam tributo às forças envolvidas. Entram em órbitas ressonantes, e, dentro da órbita principal, ao redor do Sol, descrevem órbitas menores em torno dos planetas.

Todos os fenômenos descritos neste capítulo são de natureza periódica, repetitiva. Inicialmente, procedemos a uma generalização, dizendo que, quando ocorre um tal movimento rítmico, ele afeta seu meio ambiente, seja este o ar, a água, corpos sólidos ou campos eletromagnéticos ou gravitacionais. Nos três primeiros casos, essas vibrações afetarão somente o nosso ambiente imediato, podendo ser chamadas de "som". Se "sacudirmos" nossos campos eletromagnético ou gravitacional, a perturbação no meio circundante propagar-se-á com maior rapidez e até mais longe. Aplicaremos igualmente a isso a palavra "som", embora se trate de um som de tipo diferente, que viaja à velocidade da luz. Poderíamos, de fato, associar o conjunto da nossa realidade com som de um ou de outro tipo, porque se trata de uma realidade vibratória, na qual nada existe de estático.

Começando pelo núcleo de um átomo, que vibra em freqüências altíssimas, os elétrons e as moléculas acham-se, todos, associados a taxas vibratórias características. A energia de vibração é um dos aspectos mais importantes da matéria.

Quando pensamos, nossos cérebros geram correntes elétricas rítmicas. Com seus componentes magnéticos, elas se espalham pelo espaço à velocidade da luz, como fazem as ondas elétricas e os sons produzidos pelos nossos corações. Todos eles se mesclam, para formar enormes padrões de interferência, que se espraiam pelo espaço e se afastam do planeta.

São reconhecidamente fracos, mas estão presentes. Quanto maior a sintonia fina de nossos sistemas, maior a clareza do sinal que podemos pinçar na barulhenta confusão geral de "sons". Quando possuímos um sistema de *osciladores sintonizados*, até mesmo o mais débil sinal pode ser detectado. Você deve se lembrar de que basta muito pouca energia da freqüência correta para acionar um sistema ressonante.

Nosso próprio planeta está gerando ondas de choque no plasma[8] que permeia o sistema solar. Essas ondas de choque interagem com aquelas geradas por outros planetas, criando ressonâncias entre estes e os asteróides. Em resumo, toda a nossa realidade apóia-se num fator comum, que é a mudança periódica, ou "som". Nossos sentidos estão engrenados para responder a todos esses diferentes "sons", embora estejamos sempre comparando um som com outro. Podemos perceber tão-somente as *diferenças sonoras*.

---

8. A palavra plasma refere-se, aqui, a um gás tênue, contendo partículas carregadas.

Sumário

Examinamos vários meios de se produzir som. Sabemos que quando uma corda, ou qualquer outra estrutura, vibra, pode gerar *ondas estacionárias*. São ondas que ocupam uma posição "fixada" em qualquer estrutura, seja esta uma corda, uma placa metálica, um recipiente cheio de líquido ou um vaso sangüíneo.

Nodos são os pontos em que o movimento é mínimo.

Quando conjuntos de ondas são superpostos, resultam *padrões de interferência*.

Um *holograma* é um padrão de interferência de ondas luminosas registrado numa chapa fotográfica.

Quando duas freqüências diferentes são superpostas, resultam *freqüências de batimento*.

Coerência é um comportamento ondulatório em que todas as ondas estão em fase.

Osciladores são dispositivos que se movem de maneira periódica, repetitiva, entre dois pontos de repouso. Nossos corpos também são dispositivos desse tipo.

Osciladores que estejam vibrando fora de fase podem "engatar-se", entrar em fase por meio de *encadeamento rítmico*.

Um sistema de osciladores que esteja operando em fase pode *entrar em ressonância*.

Nossa realidade é vibratória, preenchida por "sons" de diversos tipos.

Respondemos a *diferenças* entre esses sons.

2. UMA OLHADA ATRAVÉS DE UM SUPERMICROSCÓPIO

No capítulo anterior, armamo-nos com o conhecimento acerca do som e do comportamento das vibrações. Se procurarmos agora, no corpo vivo, coisas como ondas estacionárias, ressonâncias, encadeamento rítmico, etc., poderemos aplicar bem esse conhecimento.

Suponha que tomemos de um microscópio imaginário muito especial, dotado de um aumento tão grande, de um tão grande poder de resolução que torne os átomos facilmente observáveis. Vamos dar uma examinada em algum tipo de tecido vivo. Começamos utilizando-nos de baixa ampliação. Vemos uma rede irregular de pequenos vasos sangüíneos, pedaços de tecido conjuntivo, um pouco de tecido muscular e ossos. Por toda parte, observamos certa quantidade de sangue, e a impressão geral é a de um amontoado de gosma. Focalizemos, agora, um trecho do tecido muscular, e passemos a ampliá-lo. De repente, o músculo de aparência viscosa converte-se num conjunto de fibras, altamente organizado, todas elas minuciosamente alinhadas. Uma ampliação um pouco maior mostrará fibras longas, feitas de longas moléculas helicoidais, dispostas em arranjos regulares. Com um pouquinho mais de aumento, descobrimos que essa pequena fatia gosmenta de tecido muscular transforma-se num material altamente organizado, cuja estrutura é praticamente cristalina.[1] Na medida em que utilizamos am-

---

1. Lembra-se de como, no Capítulo 1, produzimos um modelo de cristal (Figura 5), valendo-nos de um padrão de interferência sonora dentro de uma caixa?

pliações ainda maiores, vemos pequenos átomos vibrando agrupados em suas posições nas longas moléculas helicoidais. Seções inteiras dessas moléculas aparecem ondulando,

ESTRUTURA
DO MÚSCULO
ESTRIADO

MOLÉCULA
ENROLADA

num ritmo regular; tudo se acha num movimento constante, muito rápido, mas muito ordenado. Esse movimento vibratório processa-se muitos milhões de vezes por segundo.

Se, a seguir, aproximarmos um ímã desse pedaço de músculo, de pronto notaremos uma modificação muito leve na ondulação dos segmentos moleculares. Se o submetermos à ação de um campo elétrico, os resultados serão semelhantes. Estaremos modificando o movimento ondulatório desses segmentos. É possível que esse efeito se deva ao fato de havermos alterado levemente as órbitas dos elétrons exteriores nos átomos que compõem essas compridas moléculas.

Vamos agora ampliar um fragmento de osso. Tão logo o façamos, emergirá uma configuração muito regular: cristais ósseos, dotados de um alto grau de ordem, incrustados — feito jóias — em teias de compridas cadeias moleculares. Tudo está vibrando. Suponha, então, que submetamos o osso à influência de um campo elétrico.[2] Assim que o fizermos, o comprimento do cristal se altera. Em resposta à ação do campo, no mesmo instante ele encolhe ou se alonga. Um pouco mais de aumento oferecer-nos-á uma visão ainda melhor desse cristal: veremos seus átomos ondulando para frente e para trás, à maneira

---

2. Campo elétrico é uma região onde estão presentes forças elétricas. Tal campo exerce uma força sobre qualquer partícula eletricamente carregada que se coloque dentro dele.

de um trigal maduro soprado pelo vento. Movem-se em uníssono, e ao embalo de um belo ritmo. A energia acústica flui através do cristal.

Em seguida, focalizemos os átomos. Eles aparecem, de início, como pequenas bolas sombreadas, indistintas, vibrando ao redor de pontos fixos na molécula. À medida que ampliamos cada vez mais, vemos cada vez menos. De algum modo, a concha eletrônica dissolve-se, e acabamos olhando para um vácuo. Aumentando ainda mais, vemos algo mínimo a movimentar-se. A focalização incide sobre o que suspeitamos seja o núcleo atômico, localizado nesse vasto espaço dentro do átomo.

Se representarmos o diâmetro do núcleo de um átomo de hidrogênio por um segmento de 1 mm, o diâmetro da órbita do elétron será de cerca de 10 metros, uma razão de 1 para 10.000, sendo vazio o espaço intermediário.

Quando zeramos e ampliamos ainda mais o núcleo em vibração, ele parece estar se dissolvendo. Estamos olhando para um tipo de pulsação indistinta. Um pouco mais de ampliação e o núcleo quase terá ido embora. Sentimos a pulsação de algum tipo de energia, que parece um campo vibratório muito rápido.

Mas... e o osso? Para onde foi? Pensávamos estar olhando para um pedaço sólido de matéria!

55

Bem, parece que a realidade real — a microrrealidade, aquela que está subjacente a toda a nossa realidade sólida, bem-comportada e que responde ao senso comum — é feita, como acabamos de testemunhar, de vastidões de espaço vazio, permeado de campos oscilantes! De muitos diferentes tipos de campo, todos interagindo uns com os outros. A mais ínfima perturbação num deles é comunicada aos demais. Trata-se de uma malha de campos interligados, cada qual pulsando na sua freqüência própria, mas em harmonia com os outros, suas pulsações propagando-se cada vez para mais longe, para todo o cosmos.

Sempre que um foco de perturbação tende a usurpar desses campos o seu ritmo harmonioso, a quebra na regularidade espalha-se e perturba os campos vizinhos. Tão logo a fonte da perturbação é removida, o ritmo ordenado reinstala-se no sistema. Inversamente, quando se aplica um intenso ritmo harmonizador nessa matriz de campos entrosados, sua influência harmônica pode encadear partes do sistema que, eventualmente, estejam vibrando fora de diapasão. Ele introduzirá mais ordem no sistema.

Podemos considerar a doença como um comportamento fora de sintonia por parte de um ou outro órgão do nosso corpo. Quando lhe aplicamos um intenso ritmo harmonizador, o padrão de interferência de ondas — que vem a ser esse órgão — pode readquirir afinação em seu comportamento vibratório. É possível seja esse o princípio informador da cura paranormal.

Assim, fazendo uma viagem imaginária dentro de uma imagem altamente ampliada da nossa realidade "sólida", deparamo-nos com uma realidade subjacente que é bem outra.

A primeira dissolveu-se numa matriz de campos energéticos em célere pulsação, um padrão de interferência de ondas preenchendo o enorme vácuo de nossos corpos, e estendendo-se para além deles, de uma forma ainda mais diluída.

Vimos, igualmente, que a aplicação de qualquer tipo de energia nessa matriz de campos irá, de algum modo, afetar o comportamento da nossa "matéria" ou tecido, a essa altura já bastante abstratos. Tenha essa energia natureza elétrica, magnética, acústica ou gravitacional, o fato é que ela sempre interagirá conosco, afetando-nos de alguma forma, quer seja ela aplicada de longe, quer o seja diretamente, sobre a nossa pele.

Agora, não mais nos espantamos com o comportamento das ostras de Long Island do dr. Brown. As alterações gravitacionais provocadas pela Lua no campo da Terra penetram facilmente toda matéria do nosso mundo, de maneira que não é de se admirar que elas encadeiem o ritmo de abertura e fechamento das conchas desses animais segundo o tempo de Chicago.

Nossos corpos são feitos de muitos tipos de tecido, alguns dos quais interagirão mais com uma espécie de energia vibratória do que com outra. Por exemplo, radiações de diferentes tipos penetrarão na nossa pele até diferentes profundidades. Raios ultravioleta agirão sobre uma determinada camada da pele, porém não agirão sobre outra. Eles não penetrarão profundamente. As ondas sonoras atravessarão uns tantos tecidos, e alguns deles refletirão melhor essas ondas do que outros. O corpo como um todo será afetado por efeitos gravitacionais ou magnéticos. Independentemente de quão diminuto seja o efeito, nossas psiques podem responder vigorosamente a ele. Basta que você examine os registros policiais acerca do índice de criminalidade durante o período da Lua cheia, na delegacia policial do seu bairro. Ou, então, que analise a incidência de violência nas enfermarias psiquiátricas de hospitais para doentes mentais, durante essa mesma fase da Lua. Em ambos os casos, verifica-se um grande aumento. Parece que o plenilúnio exerce o efeito mais intenso. O da Lua nova é menor. Ambos os efeitos, porém, situam-se acima da média.

No capítulo anterior, discutimos o movimento rítmico de nossos corpos e crânios, que acelera nossos cérebros para cima e para baixo. A força que causa essa aceleração é muito mais intensa que o efeito da Lua distante, acima das nossas cabeças. Ainda assim, a influência gravitacional da Lua tende a afetar essa força, embora muito levemente. Mas parece que essa influência basta para agir, com muita intensidade, sobre nosso psiquismo. Naturalmente, as pessoas não reagem de maneira igualmente vigorosa à influência da Lua. Constata-se que o efeito é mais intenso entre as pessoas muito emotivas ou emocionalmente perturbadas.

Examinemos, agora, os campos que se encontram fora de nós.

Os campos eletromagnéticos e eletrostáticos que estruturam e moldam nossos corpos são relativamente fortes e servem para manter juntos os átomos e moléculas que os constituem. Eles enfraquecem fora do âmbito de nossos corpos. Estamos rodeados e permeados por diversos campos:

1. O assim chamado campo isoelétrico estático do planeta;
2. Os campos eletrostáticos gerados por nossos corpos;
3. O campo magnético da Terra;
4. O campo eletromagnético, de espectro muito amplo, compreendendo desde as ondas muito lentas, geradas por perturbações atmosféricas, até as radiações de freqüências altíssimas, como os raios gama, passando pelo espectro da luz visível e pelo ultravioleta;
5. Os campos gravitacionais da Terra, da Lua, dos planetas vizinhos e do Sol;
6. Os campos eletromagnéticos criados pelos seres humanos; os diferentes campos irradiados pelas redes de rádio e televisão.

Discutiremos os dois primeiros tipos de campos.

Como você sabe, nosso planeta está circundado por uma camada de partículas eletricamente carregadas, chamada ionosfera. A subcamada inferior da ionosfera tem início a cerca de 80 quilômetros acima da superfície terrestre. Sabe-se que ela reflete ondas de rádio. É, portanto, essencial à radiocomunicação em torno do globo. Não obstante, estamos interessados num outro aspecto dessa camada.

Por ser ela altamente carregada, essa camada forma com a Terra aquilo a que chamamos de capacitor (Fig. 17). Isso significa que existe uma diferença de potencial elétrico entre ambas, sendo a Terra carregada negativamente, e a ionosfera positivamente. Essa diferença de potencial é uniformemente distribuída ao longo da distância entre aquela e esta,

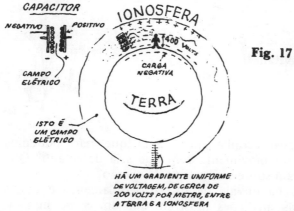

Fig. 17

e chega a cerca de 200 volts por metro. Na Terra, estamos constantemente nos movendo dentro desse campo, que é, por assim dizer, bastante "inflexível". Isso significa que ele se comporta à semelhança de uma gelatina um tanto rígida.

Todos nós já passamos pela experiência de segurar uma tigela de gelatina, e perceber o quanto ela é sensível a qualquer vibração. Imagine que haja algumas uvas-passas engastadas na gelatina. Cutuque uma delas, fazendo-a vibrar, e logo verá que as outras uvas-passas também estarão vibrando. Podemos também acrescentar que as uvas-passas estão muito bem *acopladas* a esse campo gelatinoso. Por acoplamento indicamos que há uma boa ligação entre as uvas-passas e a gelatina, e que é boa a transferência de energia entre elas. Nenhuma das uvas-passas pode fazer o menor movimento sem que a gelatina o transmita às demais.

O campo eletrostático do planeta assemelha-se à rígida gelatina. Quando nossos corpos se movimentam e vibram, esses movimentos são transmitidos ao meio ambiente, o que inclui todos os corpos humanos e animais sobre o planeta. Esses campos não só colidem com nossos corpos, como também influenciam suas cargas internas. Mas até que ponto é

efetivo esse acoplamento? Será que não podemos realizar o mais leve movimento sem que seja detectado? Que influências operam sobre esse estado de coesão?

Não há dúvida de que o acoplamento é muito eficiente. Nossas medições mostram que um corpo humano acha-se eletricamente ligado à terra sempre que, em condições normais, está em contato com o solo. Relativamente ao campo eletrostático, ele atua como se fosse um escoadouro, distorcendo um pouco suas linhas de força. Mas, se houvesse uma carga em nossos corpos, a interação seria mais intensa, independentemente da polaridade da carga. Acontece que eles possuem, de fato, uma carga. Enquanto permanecem vivos, estão continuamente produzindo um campo ao seu redor. Podemos, atualmente, medir, com facilidade seu campo eletrostático, empregando para isso medidores estáticos, disponíveis no comércio. Em nosso laboratório, construímos um dispositivo especial para medir esses campos (Fig. 18).

Fig. 18

Eis aqui uma leitura obtida com nosso aparelho. Podemos medir a perturbação que nossos corpos provocam no campo eletrostático.[3] O aparelho é sensível o bastante para conseguir captar esse sinal a uma distância de 16 polegadas a 18 polegadas (isto é, de 41 cm a cerca de 46 cm) do corpo. Ainda uma vez, as grandes ondas são geradas, em sua maior parte, pela reação do corpo à expulsão do sangue pelo ventrículo esquerdo. A intensidade desse sinal varia com a distância a partir do corpo. A maneira como essa variação ocorre é mostrada na Figura 19.

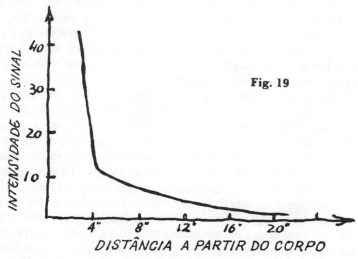

[3]. Esse campo é, mais corretamente, um campo eletrodinâmico, devido ao movimento de nossos corpos.

À medida que aproximamos o sensor do corpo, constatamos um aumento progressivo do sinal. Então, de repente, quando o sensor está a cerca de 4 polegadas (isto é, aproximadamente 10 cm) do corpo, o aparelho acusa um aumento dramático. Esse aumento ocorre num âmbito de cerca de 1/4 de polegada (cerca de 6 milímetros) do movimento do sensor. A intensidade do sinal depende muito da vitalidade do paciente. Uma pessoa repleta de energia produzirá um sinal intenso, ao passo que outra, cuja vitalidade esteja baixa, gerará um sinal praticamente nulo.

Temos, assim, um campo eletrostático circundando o corpo. Esse campo nos acopla ao campo isoelétrico do planeta. Isso significa que nossos movimentos são transmitidos a todos os quadrantes da Terra. É evidente que esse sinal é muito fraco.

Lembre-se agora da discussão a respeito dos sistemas ressonantes, no capítulo anterior. Você se recordará de que, quando temos o que é chamado de "um sistema em sintonia", que consiste em, pelo menos, dois osciladores com freqüências ressonantes idênticas, se um desses osciladores começa a emitir, os outros serão prontamente ativados por esse sinal. Em outras palavras, o acoplamento entre eles é ideal. Tais sistemas responderão até aos mais ínfimos vestígios de oscilações, e começarão a ressoar.

Lembre-se também do caso dos relógios de pêndulo, presos à parede, e que se encadeiam ritmicamente uns aos outros. Recorde-se, agora, de que a freqüência de ressonância da Terra — cavidade ionosférica — situa-se em torno de 7,5 ciclos por segundo, e que o micromovimento do corpo é de cerca de 6,8 Hz e 7,5 Hz. Esses dados sugerem a existência de um sistema ressonante sintonizado. Agora, podemos supor que, durante a meditação profunda, o ser humano e o planeta, que formam um sistema, entram em ressonância e transferem-se mutuamente energia. O comprimento da onda que corresponde à freqüência de ressonância é muito grande: cerca de 40.000 quilômetros, isto é, mais ou menos o perímetro do globo. Em outras palavras, o sinal produzido pelos nossos corpos em movimento propagar-se-á em torno da Terra, através do campo eletrostático em que estamos imersos, em aproximadamente 1/7 de segundo. Um comprimento de onda tão longo não conhece nenhum obstáculo, e sua intensidade pouco se atenua, mesmo após grandes distâncias. É claro que ele atravessará praticamente qualquer coisa: metal, concreto, água e os campos que estruturam nossos corpos. Esse é o meio ideal para transportar um sinal telepático.

Dissemos antes que, quando paramos de respirar, a amplitude do micromovimento aumenta de um fator de três, aproximadamente, porque o próprio corpo entra em ressonância, o que torna muito regular seu movimento interno. Haverá algum meio de ampliar essa condição de ressonância?

Estados de meditação

Há milhares de anos se conhecem técnicas de desenvolvimento desse estado harmonioso de ressonância. São as diferentes técnicas de meditação. Elas reduzem a taxa metabólica do corpo, de modo a diminuir em muito a necessidade de oxigênio para seu funcionamento. Além disso, à medida que se adquire perícia na meditação, a respiração torna-se tão suave que não interfere no estado ressonante da aorta. Tudo indica o desenvolvimento de um processo automático, em que os pulmões e o diafragma regulam o sistema cárdio-aórtico, de forma a mantê-lo em boa sintonia, ampliando desse modo o comportamento ressonante, a despeito de alguma leve respiração. Esse comportamento disseminar-se-á, naturalmente, por todo o corpo. O esqueleto e os órgãos internos passarão a funcionar de maneira *coerente*, numa freqüência na casa dos 7 ciclos por segundo. Acontece que a autofreqüência do corpo normal parece corresponder a esse valor. Em decorrência disso, muito pouco esforço é necessário para colocar o corpo nessa freqüência vibratória, que atua beneficiando o sistema cárdio-aórtico. É uma situação semelhante à de empurrar um balanço, a intervalos regulares. A interferência destrutiva, que normalmente ocorre, cessa, e o corpo começa a comportar-se de um modo que exibe crescente coerência.

REPOUSO MOVIMENTO

REPOUSO

TEMOS CERCA DE 14 PERÍODOS DE REPOUSO E 14 PERÍODOS DE MOVIMENTO POR SEGUNDO

PULSO

RESSONÂNCIA

Parece que o estado ressonante do corpo é muito benéfico e repousante. Recentes estudos científicos[4] mostram não serem os efeitos da meditação apenas subjetivos, mas

---

4. Bloomfield, Harold, et. al. *TM*. Nova York: Delacorte Press, 1975; Londres: Allen & Unwin, 1976.

também fortemente fisiológicos. Entre esses últimos estão o de acalmar a excitação nervosa e o de reduzir a pressão sangüínea. Vagarosa mas seguramente, a meditação induz o que chamaremos de "elevação dos níveis da consciência". Para diferentes indivíduos, essa elevação se processará segundo ritmos igualmente diferentes. Pessoas sensitivas, de sistemas nervosos delicados, sentirão esses efeitos antes de outras pessoas. Contudo, mais cedo ou mais tarde, uma grande percentagem de praticantes descobrirá que novos e amplos horizontes internos descortinam-se à sua frente, preenchendo sua vida até um nível que antes não podiam sequer imaginar. Voltaremos a este assunto nos capítulos subseqüentes.

Agora, porém, vamos voltar ao movimento do corpo.

Dissemos que quando um corpo carregado está em vibração, acha-se igualmente bem acoplado ao campo eletrostático do planeta. Essa vibração faz com que um sinal repetitivo regular, ou onda, propague-se dentro desse campo. Naturalmente, esse sinal tenderá a encadear qualquer "corpo" que esteja vibrando numa freqüência próxima à sua. Em outras palavras, se houver mais pessoas na vizinhança ou em qualquer lugar do mundo, que estejam meditando e aproximando-se dessa freqüência ressonante, elas serão incitadas a aderir a essa freqüência e a encadear-se nela. Logo, podemos dizer que um núcleo de meditação, individual ou coletivo, emitirá um movimento harmônico simples, ou "som", de aproximadamente 7 Hz, através do campo eletrostático do planeta. Essa emissão encadeará outras pessoas e as ajudará a alcançar o estado de ressonância. Quanto mais pessoas estiverem "travadas" nessa vibração, mais forte fica o sinal. Devido aos diversos fusos horários, há sempre alguém em ressonância, fazendo com que esse "som" permaneça vibrando.

No próximo capítulo, quando aprendermos a olhar a Terra como portadora de consciência, descobriremos que ela se sente infinitamente satisfeita em ter semelhante acompanhamento para sua melodia.

Sumário

Quando observamos, com grande ampliação, nossa matéria física, descobrimos que somos feitos, em nossa maior parte, de vazios permeados por campos oscilantes. É disso que se compõe nossa *realidade física objetiva*.

Essa matriz de campos oscilantes, que é o corpo humano, é facilmente influenciável por campos externos, que podem ser naturais, como, por exemplo, os mutáveis campos eletromagnéticos de baixa freqüência gerados por padrões climáticos, ou por variações nos campos magnético e gravitacional, sob influência da Lua e do Sol; ou então artificiais, produzidos pelos seres humanos, tais como os campos responsáveis pelas transmissões radiofônicas e televisivas.

Nossos corpos geram seus próprios campos eletrostáticos.

Quando estamos meditando, nossos corpos entram em ressonância com o campo elétrico da Terra.

3. UM CÓDIGO MORSE DE AÇÃO E REPOUSO

Revendo o capítulo anterior, você se recordará de que nossos corpos físicos, e toda a matéria, são feitos de campos eletromagnéticos em interação, vibrando em freqüências tremendamente elevadas. À temperatura ambiente, um átomo vibrará num ritmo de 10^{15} Hz (o que significa o algarismo 1 seguido de quinze zeros), ao passo que a vibração do seu núcleo será da ordem de 10^{22} Hz. São ritmos quase inconcebivelmente rápidos.

No processo de inventar sistemas vivos, a Natureza teve de introduzir órgãos sensoriais, que permitiram a essas coisas vivas interagir com seu meio ambiente. Teve de lançar mão dos blocos de construção disponíveis, os quais, como vimos, são "agitadinhos" ao extremo. A fim de que lhe fosse possível comunicar-se com a mente, cujos processos são relativamente lentos, a Natureza abandonou, em grande parte, sua tremenda capacidade de manipulação informacional, que é inerente à própria matéria. Se um átomo vibra um milhão de bilhões de vezes por segundo (10^{15} Hz), isso quer dizer que, tantas vezes num segundo, ele ocupa dois estados distintos. Em outras palavras, ele estará, por exemplo, dizendo: "sim, não, sim, não, . . ." um quatrilhão de vezes por segundo. Agora, se pudermos utilizar toda essa capacidade superpondo uma modulação sobre esse comportamento acelerado, que lhe provoque alterações na amplitude ou na freqüência, teremos um dispositivo de comunicação muito rápido. Essa velocidade é utilizada nas interações moleculares, mas nossos órgãos sensoriais são inapelavelmente lentos para lidar diretamente com tal avalanche de informações.

Bem... Depois de um bocado de experimentações, a Natureza apareceu com uma solução razoável. Ligou átomos, formando moléculas, cujas taxas vibratórias são muito menores devido à sua massa muito maior. Com essas moléculas — que ainda vibram na casa dos gigahertz (10^9 Hz) — construiu células vivas, que são os componentes básicos de todos os organismos. Depois, vieram os neurônios, que são as células nervosas especializadas. Resultou daí um sistema nervoso rudimentar, que traduzia a entrada sensorial numa espécie de código Morse lento de *ação e repouso*. Foi um processo de redução gradual das altas freqüências vibratórias atômicas, passando pelas taxas vibratórias "razoáveis" das moléculas, e chegando à "aceitável" resposta de freqüência de uma célula viva completamente "montada" (que se situa na casa dos 10^3 Hz). Em outras palavras, uma célula será capaz de responder a estímulos situados nesse nível de freqüência.

É muito possível que sensações tais como a de um mal-estar geral, ou de ansiedade e depressão, de inquietação e euforia — nenhuma das quais nos chega diretamente através dos órgãos dos sentidos — utilizem um outro tipo de mecanismo de acesso. Essas sensações poderiam ser evocadas pelas flutuações dos diversos campos em que nos encontramos imersos e pela taxa de vibração das estruturas moleculares cerebrais, ou das glândulas endócrinas.

No último capítulo, mencionamos o efeito da Lua sobre as emoções. Alterações no campo eletrostático também podem produzir efeitos tais como lassidão e euforia.

Os órgãos dos sentidos

Como você pode recordar de suas aulas de biologia, nosso sistema sensorial consiste num conjunto de células nervosas aferentes, devidamente localizadas nos órgãos dos sentidos. As células acham-se conectadas por longos filamentos nervosos, que se juntam com filamentos vizinhos, formando feixes, os quais, por fim, chegam à coluna vertebral e formam a medula espinhal, de onde rumam para as diferentes áreas do cérebro.

Estudos fisiológicos mostram que, quando uma célula nervosa sensorial não é estimulada, a saída dessa célula consistirá em pulsos elétricos esparsos e desigualmente espaçados — as pontas ou *spikes* —, como são chamadas (Fig. 20). No entanto, se aplicarmos a pressão ou qualquer outro estímulo nessa célula nervosa, sua saída se tornará bastante ativa. A cada estímulo a célula disparará salvas de pontas muito próximas umas das outras. O número de pontas por unidade de tempo dependerá da intensidade do estímulo (Fig. 21).

Fig. 20

Todo o nosso sistema sensório opera dessa forma, quer se trate de entrada óptica de sinais que ingressam através dos olhos, quer se trate de entrada acústica, através dos ouvidos, ou táctil, através da pele. O produto final é uma série de pontas que é conduzida para a área cerebral apropriada. Resumindo, nossos sentidos traduzem-nos a realidade circundante numa *linguagem de ação do tipo código Morse e repouso*. A ação ocorre quando o neurônio dispara o seu sinal, representado por uma ponta; o repouso, por sua vez, ocorre enquanto a célula se regenera, preparando-se para o próximo disparo. É a partir desse código de ação e repouso que nosso cérebro constrói para nós, por exemplo, a forma de uma rosa, sua textura, sua cor e seu perfume — sua "rositude", em suma. Ou então, construirá a imagem esmaecida de uma galáxia distante, que chega até nós através da ocular de um telescópio.

Fig. 21

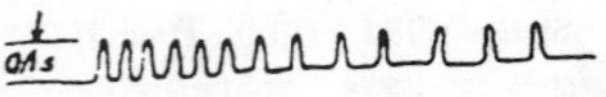

Vamos examinar outros sistemas que operam com base no mecanismo de ação e repouso.

O mais simples parece ser o pêndulo. Estamos todos familiarizados com a marcha tranqüila do pêndulo dos relógios de nossos avós, balançando pachorrentamente de um lado para outro. Os físicos dão a esse comportamento o nome de "movimento harmônico simples".

Tomemos de um peso suspenso numa corda e coloquemo-lo em movimento (Fig. 22), de tal modo que descreva uma circunferência, a que chamaremos de trajetória A. Essa circunferência está conectando dois pontos, I e II, situados no plano em que o pêndulo se move. Passemos, agora, a confinar-lhe o movimento, forçando-o a se mover entre duas placas paralelas, que vão sendo progressivamente aproximadas. Isso faz com que a órbita descrita torne-se achatada, adquirindo a forma elíptica. Daremos a ela o nome de trajetória B. Se, reduzindo a distância entre as placas, confinarmos ainda mais a órbita pendular, obteremos uma órbita elíptica muito alongada, que chamaremos de C. Se continuarmos restringindo a liberdade desse pêndulo, acabaremos por forçá-lo, finalmente, a mover-se numa linha reta, que liga os pontos I e II.*

---

* Bentov está pressupondo que a distância entre os pontos I e II deve ser desprezível relativamente ao comprimento do pêndulo. Essa condição permite, por exemplo, que a trajetória-limite do pêndulo seja de fato assimilável a um segmento de reta (*N.T.*).

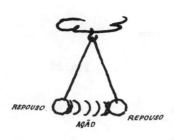
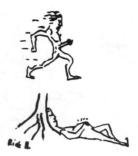

O que fizemos com o desafortunado pêndulo consistiu em limitar sua liberdade, forçando-o a mover-se ao longo de um só plano. Este movimento entre dois pontos, para frente e para trás, equivale a projetar o movimento do pêndulo sobre um plano situado na frente dos olhos do observador. Tirando do pêndulo um pouco de sua liberdade, convertemos movimento circular em movimento alternativo. Entretanto, não alteramos o tempo requerido para cada movimento de vaivém, que continua a ser o tempo correto. Tudo o que fizemos foi converter um movimento periódico circular simples num outro, linear, que continua a ser um movimento simples e harmônico, originalmente gerado por um movimento circular. Desse modo, podemos converter todo movimento circular uniforme, seja ele o de um elétron ou o de um planeta, num movimento harmônico simples. A única restrição é a seguinte: se quisermos que dois observadores concordem quanto ao sincronismo e à posição do pêndulo, a observação terá de ser efetuada, em cada caso, sempre a partir do mesmo plano e sob o mesmo ângulo.

Eis a subjetividade entrando em cena. As duas posições extremas ocupadas pelo pêndulo, e nas quais não há movimento aparente, são diferentes para diferentes observadores, a menos que o evento seja observado do mesmo ângulo. Se a linha de visada do observador coincidir com a dire-

71

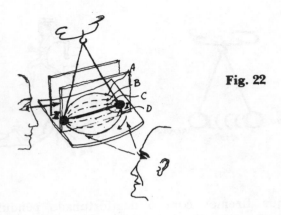

Fig. 22

ção do movimento retilíneo de vaivém do pêndulo, descrito entre as placas, ele não observará movimento nenhum. Poderá vê-lo ligeiramente mais próximo e ligeiramente mais afastado, porém não observará nenhum movimento lateral. O que ele estará vendo serão os dois pontos de repouso.

Hierarquias de movimentos

No Capítulo 2, ao descrever as microrrealidades, mostramos serem elas constituídas de campos energéticos em interação, que podem ser representados como partículas que gozam de muitas propriedades. Possuem "carga", "*spin*", "momento magnético" e "estranheza" e, nos últimos anos, adquiriram "cor" e "charme".

Vamos visualizar um átomo, formado por um núcleo e conchas eletrônicas que o envolvem. Descobrimos que os elétrons orbitam, velozmente, ao redor do núcleo, ao mesmo tempo em que giram em torno de seus próprios eixos. Se dirigirmos agora nossa atenção para um agregado de átomos num cristal, constataremos que eles vibram em torno de suas posições fixas na rede cristalina. Desse modo, representa-se o micronível da Natureza por dois tipos de movimento: um movimento circular, semelhante ao *spin*, e outro alternativo, devido à vibração, cada um deles descrito ao redor de um ponto relativamente fixo.

Vamos subir um degrau na hierarquia das estruturas da Natureza, por exemplo, até o nível das macromoléculas. Estas confinam os átomos em posições relativamente fixas, e quaisquer ramificações livres nessas moléculas tenderão a exibir movimentos pendulares e rotações. Além disso, os segmentos livres dessas longas moléculas também vibrarão, lembrando o movimento vibratório da corda retesada. O ritmo desses movimentos é muitíssimo mais lento que o dos elétrons orbitando em torno do núcleo.

Se voltarmos nossa atenção para as estruturas vivas simples, tais como os protozoários ou os plânctons, reconheceremos apenas um tipo de movimento: o alternativo, ou movimento de vaivém, como o do pêndulo ou da mola. Se observamos com o microscópio animais unicelulares, descobrimos que seus movimentos são espasmódicos, e derivam da agitação rápida de seus flagelos de um lado para o outro. Eles podem girar em torno de seus eixos, mas isso é devido à ação alternada de suas "perninhas".[1]

À medida que o organismo torna-se mais complexo e que se desenvolve nele um coração rudimentar, descobrimos, indo e vindo, uma pulsação do fluido sangüíneo primitivo, causadora, por sua vez, de um movimento de vaivém no corpo.

Por todo o reino animal, do plâncton ao elefante e ao homem, verificamos que o movimento alternativo prevalece. Quase não há *spin* nas estruturas vivas. Estamos confinados a um comportamento semelhante ao do pêndulo, ou, se preferirmos, a um comportamento oscilatório.

À medida que subimos na hierarquia dos tamanhos, até chegarmos aos corpos celestes, reaparecem o movimen-

---

1. Foi demonstrada a presença de um autêntico mecanismo rotativo em algumas bactérias, a cujo corpo os flagelos estão ligados por meio de uma articulação, igualmente rotativa, que é acionada por um motor molecular também rotativo. Veja Berg, Howard C., "How Bacteriae Swim", *Scientific American*, Agosto de 1975, pp. 36-44.

to orbital e o *spin*. Sabemos que todos os planetas giram ao redor de seus eixos, ao mesmo tempo em que orbitam ao redor de suas respectivas estrelas. Sabemos também que as galáxias giram, o que igualmente ocorre com os aglomerados galácticos, e assim por diante. Em resumo, ficamos sabendo que o movimento alternativo, isto é, o vaivém, é uma das características mais peculiares aos seres vivos. Mas será que a Natureza é tão inepta que não foi capaz de inventar uma roda, coisa que nossos ancestrais primitivos fizeram, com facilidade? Ou será que algo estaria escapando aos nossos olhos?

Rastreando o pêndulo indomável

Voltemos ao velho relógio de parede de nossos avós, com seu pêndulo a balouçar pachorrentamente. Vejamos o que é pouco usual em seu movimento.

Aparentemente, não há nada nele de pouco usual. Seu comportamento pode ser descrito como uma reunião de movimento e repouso. Recordamo-nos, vagamente, de já termos ouvido algo semelhante.

Vamos analisar o movimento pendular. Na medida em que se aproxima de um de seus pontos de repouso, ele diminui cada vez mais sua velocidade. Finalmente, pára e começa a mover-se no sentido oposto. As leis da mecânica clássica nos dizem que, no ponto de repouso, a aceleração do corpo é máxima, assim como é máxima sua energia potencial. Sua velocidade é zero, e zero é o tempo necessário para que a velocidade do pêndulo mude de sentido. Porém, quando analisamos os eventos que ocorrem no ponto zero com base na perspectiva da mecânica quântica, o que obtemos é um quadro bem diferente. Imaginemos que o pêndulo propriamente dito é um ponto matemático, isto é, um

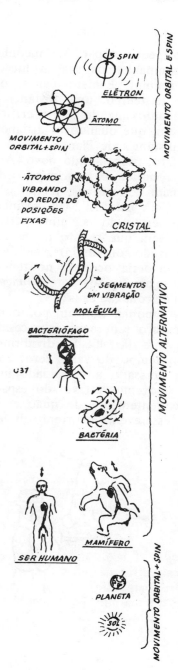

ponto demasiado pequeno para ser medido (um ponto sem dimensão), e acompanhemos sua evolução, à medida que sua velocidade diminui. Evidentemente, o ponto descreverá, por unidade de tempo, uma distância cada vez menor, à medida que se aproxima do ponto crítico. Mas a mecânica quântica nos diz que quando as distâncias se tornam menores do que a distância de Planck, que é igual a 10^{-33} cm, penetramos, de fato, num mundo novo. A relação causal entre os eventos é rompida; os movimentos deixam de ser uniformes e se tornam convulsivos; tempo e espaço podem ficar "granulados" ou "balofos". Um segmento de espaço poderia, talvez, ser percorrido por uma partícula material, em qualquer direção, sem que o fato de fazê-lo estivesse necessariamente sincronizado com um intervalo de tempo.

Resumindo, poderia ocorrer, no tempo ou no espaço, que dois eventos sejam ligados por flutuação aleatória, e não por qualquer tipo de conexão causal.

Com efeito, suponha que um ponto material possa percorrer um certo espaço, sem requerer, necessariamente, nenhum lapso de tempo para fazê-lo. Se dividirmos essa minúscula distância por um tempo de valor zero, concluiremos que o evento ter-se-á processado a velocidade infinita. Em outras palavras, se nos movemos através do espaço sem despender tempo — independentemente de quão exígua seja a distância percorrida —, esse evento ocorrerá sob velocidade infinita!

Há, na física, um princípio segundo o qual um evento qualquer que não seja proibido pelas leis da física é um evento que pode ocorrer. Então, o que acontece com o pêndulo? Todos os seus pontos se comportam do mesmo modo; portanto, o pêndulo como um todo, durante uma minúscula fração de segundo, deve deslocar-se com velocidade infinita. Pode, no entanto, um objeto físico mover-se com velocidade superior à da luz?

Vamos abordar a questão por um outro ângulo. Já ouvimos falar do princípio da incerteza, formulado por Heisenberg. Esse princípio estabelece que, quando tentamos medir dois parâmetros de uma partícula, por exemplo seu *momentum* e sua posição, descobrimos que quanto maior for a precisão com que conseguimos medir seu *momentum* (massa x velocidade), menor será o nosso conhecimento a respeito da sua posição, e vice-versa. Desse modo, se quisermos medir o *momentum* ou a posição de uma partícula, só conseguiremos medir com precisão uma dessas quantidades. Se sabemos o valor exato do *momentum* de uma partícula, então sua posição é totalmente indefinida ou impossível de ser conhecida. E vice-versa. Esse é um exemplo do estranho comportamento das partículas atômicas ou subatômicas.

Estamos cientes de que, quando o pêndulo atinge um dos pontos de repouso, mudando o sentido do seu movimento, sua velocidade é zero. Mas, pelo menos nas baixas velocidades, o *momentum* é igual à *velocidade* multiplicada pela *massa*. No entanto, se multiplicarmos qualquer quantidade por zero, o resultado será zero. Assim, estabelecemos que o *momentum* do pêndulo naqueles dois pontos de repouso vale zero. Isto é, conhecemos com muita precisão seu valor: *é zero*. Entretanto, já dissemos que, se conhecemos com precisão o *momentum* de uma partícula, então sua posição torna-se difusa e completamente indefinida. Isto é, o pêndulo pode, simplesmente, estar em qualquer lugar, até mesmo nos confins do universo. Sim, mas ele dispõe de muito pouco tempo para chegar lá, pois tudo isso acontece num tempo zero. E lá vamos nós de novo. O pêndulo tem de desaparecer, em todas as direções, com velocidade infinita. Terá de expandir-se no espaço, com muita rapidez, à maneira de um balão, e em seguida colapsar, com igual rapidez.

Tendo feito isso, ele volta, retoma velocidade e continua firme, com seu tradicional jeito de ser, como se nada tivesse acontecido. Nenhum de nós suspeitaria de que o bem-comportado pêndulo fosse capaz de fazer tamanha traquinagem quando ninguém estava olhando. Novamente não se pode confiar nas aparências.

Vamos apresentar um modelo mais facilmente digerível para esse comportamento.

Tomemos de uma câmera. Vamos supor que queiramos fotografar um pássaro em pleno vôo, valendo-nos da luz natural disponível. Sabemos que, se quisermos obter uma imagem nítida do pássaro, teremos de regular o obturador para um tempo de exposição muito curto. Digamos, 0,001 de segundo. Assim, consultamos o anel de abertura do diafragma e vemos que, com uma velocidade da ordem de 0,001 de segundo não teremos luz suficiente para registrar a imagem na película. Para que a tenhamos, precisaríamos de um tempo de exposição de, pelo menos, 0,1 de segundo. Mas sabemos que, nessa fração de tempo, o pássaro já estará fora de vista, e tudo o que veremos na foto será um feixe difuso representando o pássaro em vôo. Em qualquer dos casos estamos numa enrascada. Portanto, eis aí o dilema: temos o bolo e não podemos comê-lo.

Até agora, estivemos usando o pêndulo como exemplo. Mas um pêndulo representa qualquer sistema que oscile ou descreva movimentos de vaivém, seja ele um oscilador que pulse concentricamente, que orbite, ou que gire ao redor do seu próprio eixo.

Do ponto de vista de um observador, há sempre dois pontos onde qualquer um desses sistemas parece estar em repouso. Mas, para estar em completo repouso — isto é, no ponto em que ocorre inversão de sentido do movimento — esse ponto implicará, de alguma forma, desaparecimento de matéria, bem como velocidades infinitas, ou quase infinitas. Parece que, de algum modo, repouso total e velocidade infinita são complementares.

É fácil visualizar um pêndulo. Por isso, valemo-nos dele até agora como modelo. Mas os átomos de matéria — à temperatura ambiente — vibram a uma freqüência de cerca de 10^{15} Hz. Portanto, é muito provável que seja esse o ritmo em que ocorre o pisca-pisca da nossa matéria.

Realidade objetiva e realidade subjetiva

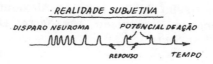

No Capítulo 2, olhando através de um supermicroscópio descobrimos que nossa *realidade objetiva* é feita de vazio, de vácuo, que é permeado por campos eletromagnéticos pulsantes, oscilantes, que se movem entre dois pontos de repouso. Cada um desses pontos é alcançado após um período de movimento.

No início do presente capítulo, tentamos analisar a natureza da nossa realidade subjetiva. Sabemos que ela consiste na soma total das impressões que nos chegam por meio dos sentidos. Descobrimos, então, que nosso sistema nervoso traduz-nos a realidade objetiva, utilizando-se de um código Morse de ação (ou movimento) e repouso, que são estados elétricos oscilantes do sistema nervoso.

Podemos, desse modo, extrair um denominador comum de nossas realidades objetiva e subjetiva. Reconheceremos que ambas tornam-se "reais", *devido estritamente à mudança ou movimento que se processa entre dois estados de repouso*. Em outras palavras, se não existe mudança, o que temos é um estado de perpétuo repouso, e isso significa *inexistência de realidade perceptível*.

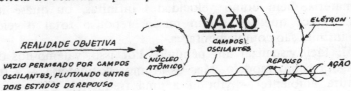

Pode ser-nos útil considerar a possibilidade de que a "realidade tangível" só exista para nós enquanto houver movimento; e que, tão logo o movimento cesse, a matéria e a realidade sólida tornem-se difusas e desapareçam.

A esta altura, não posso continuar resistindo à tentação de citar um trecho de um livro de Alexandra David-Neel e do Lama Yongden,[2] intitulado *The Secret Oral Teachings in Tibetan Buddhist Sects*:

> O mundo tangível *é* movimento, dizem os Mestres; não uma coleção de objetos em movimento, mas o próprio movimento. Não há objetos "descrevendo movimentos"; é o movimento que constitui os objetos que nos aparecem: eles nada são, além de movimento.
>
> Esse movimento é uma sucessão, contínua e infinitamente rápida, de lampejos de energia (em tibetano *tsal* ou *shug*). Todos os objetos perceptíveis pelos nossos sentidos, todos os fenômenos — sejam de que tipo forem e assumam os aspectos que assumirem — são constituídos de uma rápida sucessão de eventos instantâneos.
>
> Há duas teorias, e ambas consideram o mundo como movimento. Uma afirma que o curso desse movimento (que

[2]. David-Neel, Alexandra e Yongden, Lama. São Francisco: City Light Books, 1967.

cria os fenômenos) é contínuo, assim como nos parece o fluxo de um rio tranqüilo. A outra declara que o movimento é intermitente, avançando em lampejos separados de energia, que se sucedem uns aos outros em tão ínfimos intervalos que estes são quase não-existentes.

Parece que alguém estava aqui antes. Mas para onde vai a matéria ao desaparecer periodicamente? E o que se passa conosco, durante o pisca-pisca que nos acende e apaga?

Vamos aprender sobre isso nos próximos capítulos.

Sumário

Nossos sentidos traduzem-nos a realidade física num código Morse de *ação e repouso*. Essa tradução é a nossa *realidade subjetiva*.

Podemos comparar essa linguagem de ação-e-repouso ao movimento de um pêndulo ou de um oscilador.

Mostramos que, ao atingir o seu ponto de repouso, o pêndulo torna-se imaterial durante um minúsculo lapso de tempo, expandindo-se no espaço a uma velocidade quase infinita.

Uma citação de um livro de budismo tibetano sugere o mesmo: "O mundo tangível é movimento."

Sem mudança ou movimento não há realidade objetiva nem realidade subjetiva.

4. UM EXPERIMENTO COM O TEMPO

Antes de iniciar este capítulo, seria bom relembrar ao leitor o propósito do presente livro, conforme foi explicado na Introdução.

Nele, deparamo-nos com fenômenos de difícil explicação. Serão necessários ainda muitos anos antes que a ciência chegue a uma compreensão rudimentar dos fenômenos mentais. É uma prática trivial na ciência a tentativa de construção de "modelos" que descrevem minuciosamente certos conjuntos de fenômenos. De início, um modelo pode ser rudimentar, tornando-se mais aprimorado com o passar do tempo, à medida que se tornem disponíveis mais conhecimentos relativos à área em questão. Para ser bem-sucedido, um modelo tem de enquadrar os fenômenos pertinentes de um modo simples e econômico. Quanto maior for o número de novos princípios necessários à sua construção, mais incômodo e vulnerável ele será.

O conhecimento move-se numa espiral ascendente sempre em expansão. Se nos situarmos nas voltas mais elevadas dessa espiral, poderemos examinar nosso conhecimento anterior a partir de uma perspectiva mais ampla. Assim, a mecânica newtoniana tornou-se um "caso particular" da teoria da relatividade de Einstein, a qual poderá, eventualmente, transformar-se num "caso particular" no âmbito de uma teoria científica que venha a explicar, num só quadro, os fenômenos físicos e mentais.

Métodos e instrumentos novos e mais sensíveis capacitam-nos a proceder a medições progressivamente mais sofis-

Rick H.

ticadas. Podemos hoje medir campos magnéticos em torno de nossas cabeças, gerados pelas fraquíssimas correntes elétricas cerebrais. Do mesmo modo, podemos realizar medições altamente sofisticadas que nos mostram que, ao ocorrer a mais ínfima alteração em qualquer um dos sistemas do corpo, todos os demais sistemas são, de algum modo, igualmente afetados. Não podemos continuar concebendo nosso corpo como uma coleção de órgãos estanques, atirados dentro de um saco onde um especialista pode mexer, para consertar um deles, sem afetar os demais.

Assim como é o corpo, também é a sociedade, e todo o planeta, o sistema solar e, na verdade, todo o cosmos. Quando chegarmos ao final deste livro, espero ter demonstrado que somos parte de um sistema altamente integrado, no sentido mais amplo dessa expressão.

Voltemos, porém, ao nosso modelo. Nele, tentamos ligar, uns aos outros, o maior número possível de fenômenos diversos, ajustando-os num sistema compacto. Os fenômenos físicos, objetivos, servem de ponto de partida para esse modelo.

Experimento com o tempo

Nos capítulos precedentes, falamos sobre a ação do sistema nervoso, que recebe sinais de entrada vindos do meio ambiente e os codifica numa linguagem baseada em movimento-repouso. É evidente que tal ação ocorre no *tempo*, isto é, a ocorrência de qualquer um dos eventos envolvidos requer tempo.

Quando pensamos em tempo, o que nos vem à mente são os números exibidos pelo relógio. Por todo o mundo, o agir é algo que está sincronizado pelo tempo do relógio, começando por horários de trens, aviões e navios, fatos astronômicos, telecomunicações, etc. Todas essas coisas dependem completamente de cronometragem precisa. Os padrões de precisão dos instrumentos empregados para isso aperfeiçoaram-se, com rapidez, devido às exigências de sincronizações cada vez mais aprimoradas, tendo em vista as necessidades da comunicação espacial, da astronomia, da navegação, etc. Hoje em dia, preferimos confiar em "relógios atômicos" a confiar em modelos mecânicos.

Um relógio atômico não é bem um relógio, no sentido comum; é, isto sim, um aparelho que se utiliza das oscilações muito estáveis dos átomos de césio, tomando-as como padrão cronométrico.

Dos relógios de parede de nossos avós até aos de pulso, presume-se que todos, com maior ou menor confiabilidade, dividem-nos as 24 horas do dia em horas, minutos e segundos. Vamos chamar de "objetivo" esse tipo de tempo, uma vez que, presumivelmente, os relógios de todas as pessoas cortam o tempo em fatias de igual espessura.

No entanto, sabemos por experiência pessoal que, em diferentes circunstâncias, o tempo não é "sentido" com essa uniformidade. Quando estamos desenvolvendo alguma atividade interessante, o tempo "voa"; quando esperamos nossa vez no consultório dentário, o tempo "se arrasta". Certa vez, quando alguém indagou de Einstein acerca desse "tempo psicológico", ele respondeu com uma observação hoje famosa: "Quando você passa duas horas com uma garota bonita, você pensa que é só um minuto. Mas quando você fica um minuto sentado sobre um forno quente, você pensa que são duas horas." Com isso, tendo estabelecido "solidamente" a relatividade do tempo, vejamos como se pode utilizar esse tempo subjetivo.

Estudos sobre o sono mostram-nos que, durante os períodos de sonho, ocorre uma dilatação temporal. Em outras palavras, se, por exemplo, uma pessoa for acordada depois de um período muito breve de atividade onírica, e se lhe for pedida uma descrição do que aconteceu no sonho, surge, em geral, uma longa história, que exigiria, para se desenrolar, um intervalo muito mais longo de tempo objetivo.

Também sabemos que sob hipnose pode ocorrer dilatação do tempo,[1] e essa dilatação pode ser facilmente percebida. Estudos sobre certas drogas que afetam a mente, tais como a *cannabis* (ou maconha), o LSD, etc., indicam a ocorrência de distorções temporais. Uma vez que essas substâncias não são desconhecidas da maioria dos leitores deste livro, podemos lançar mão delas, a título de exemplo.

Quando estamos sob a influência de algum tipo de droga que atue sobre a mente, e ouvimos alguém falando, a sensação que temos é a de que essa fala ocorre muito lentamente, com pausas extremamente longas entre as palavras. Na verdade, chegamos a ser invadidos pela certeza de que poderíamos dar uma volta em torno do quarteirão antes que a próxima palavra fosse pronunciada. Nenhuma mudança ocorre na altura do som das palavras, isto é, elas não se parecem com uma gravação toca-

---

1. Le Cron, Leslie M. *Experimental Hypnosis*. Nova York: Macmillan, 1952. p. 217.

da em velocidade mais lenta. Obviamente, o que acontece é o fato de, por alguma razão, dispormos de mais tempo subjetivo, e podermos observar com muito mais detalhes o ato da fala. Será que os nossos processos mentais foram acelerados, relativamente aos da pessoa que esteja falando? Ou será que apenas dispomos de mais tempo para observar o evento? Vamos tentar uma experiência que pode lançar luz sobre esse impasse.

Uma pessoa que, graças à técnica de *biofeedback*, é treinada para gerar ondas *theta*, ou que é capaz de entrar em estado de meditação profunda, ao mesmo tempo em que observa o ponteiro dos segundos num relógio colocado à sua frente, ficará surpresa ao perceber que esse ponteiro... parou! É uma experiência de grande impacto, e a reação natural a ela não podia deixar de ser esta: "Isso é impossível!"[2] Nesse preciso momento, o ponteiro acelera e retoma o seu ritmo normal. Entretanto, se pudermos passar por cima dessa reação e, mantendo os olhos semicerrados, olhar o mostrador do relógio, permanecendo, durante todo esse tempo, em estado de meditação profunda, poderemos manter o ponteiro dos segundos parado pelo tempo que desejarmos.

A experiência que acabamos de descrever está, por sua própria natureza, limitada a pessoas que exerçam um controle especialmente eficaz sobre seus estados de consciência. Mas imaginei uma outra, que está ao alcance de praticamente quem quer que deseje experimentar essa alteração no tempo, pelo menos numa escala menor. Não requer treinamento nem quaisquer drogas. Só precisamos de um relógio, de pulso ou não, com um mostrador razoavelmente grande e um ponteiro de segundos facilmente visível.

Primeiro passo. Relaxe. Coloque o relógio à sua frente, em cima de uma mesa, de modo que possa vê-lo, sem qualquer esforço, com os olhos semicerrados. Se quiser, apóie os cotovelos sobre a mesa.

Segundo passo. Olhe para o relógio, sem quaisquer tensões, e acompanhe o ponteiro dos segundos. Tente absorver-lhe o ritmo, memorizando-o. Tudo isso tem de ser feito sem esforço.

---

2. Floyd, Keith, "Of Time and Mind". Em White, John, org.: *Frontiers of Consciousness*. Nova York: Julian Press, 1974.

Terceiro passo. Este é um passo crucial. Feche os olhos e imagine-se entregue à sua atividade mais favorita. Essa visualização tem de ser tão perfeita quanto possível. Por exemplo, se você se imaginar numa praia, estirado ao sol, é preciso que você *esteja lá*, integralmente. Não fique apenas *pensando* que está lá, mas sinta o calor do sol e a textura da areia; escute o marulhar das ondas; ponha em uso todos os seus sentidos. Os resultados serão melhores se, em vez de colher uma atividade agitada, você der preferência a algo relaxante.

Quarto passo. Quando sentir que conseguiu estabilizar essa visualização, abra lentamente os olhos, e só um pouquinho. *Não focalize o relógio*; apenas permita que seu olhar se encontre com o mostrador, como se você fosse um observador desinteressado dessa situação toda. Caso tenha seguido adequadamente as instruções, você poderá ver o ponteiro dos segundos emperrar em alguns pontos, reduzir a marcha e hesitar, por algum tempo. Se tiver muito êxito, será capaz de detê-lo completamente por um certo tempo.

É uma experiência chocante para algumas pessoas. E justamente no momento em que se experimenta esse choque, o ponteiro acelera e retoma sua velocidade normal. Não há dúvida de que existe, aqui, algo muito perturbador.

Demos vários exemplos de situações em que o tempo, de algum modo, pode ser manipulado. Não estou dizendo que tenhamos, de fato, diminuído a marcha do relógio, que prossegue fiel ao bom e velho tempo objetivo. Mas realmente distendemos nosso tempo subjetivo, de modo a nos defrontarmos com uma situação *subjetiva*, que, por sua vez, proporciona uma analogia com uma situação objetiva bem conhecida.

A primeira vez em que isso ficou claro foi com a teoria da relatividade, onde se demonstrou que quando dois observadores estão em movimento relativo (isto é, estão em movimento um em relação ao outro), qualquer um deles constata que seu relógio está funcionando num ritmo diferente da marcha do relógio usado pelo outro observador.

Tentemos analisar aquilo que é comum a todos os casos.

Pensamos que o elo de conexão seja um estado alterado de consciência.[3] Poder-se-á alegar que essa última experiência nada tem a ver com tais estados. Para dizer a verdade, haverá quem negue até mesmo a existência de algo como a consciência.

Por que, então, o ritmo do relógio diminuiu, ou parou completamente por um certo tempo? Proponho que a mente observadora (ou, simplesmente, "o observador"), a entidade que correlaciona e dá sentido às informações que lhe são submetidas pelo cérebro, estava ausente. Ela foi até a praia, e deixou o "hardware" em casa. Este, pelo qual me refiro aos órgãos sensoriais e ao cérebro, ficou processando e produzindo as informações. Mas a *entidade* que correlaciona e dá sentido a essas informações deixou o corpo, por algum tempo.

Isso não é tão banal quanto possa parecer.[4] Um tal hipotético "observador" AWOL,* isto é, ausente sem permissão oficial, poderá ter sido visto na praia, caso lá estivesse um dos chamados "sensitivos", ou clarividentes, em condições propícias. Enquanto o "observador" estava ocupado, correlacionando as informações colhidas na praia, não lhe era possível manipular as informações que os olhos físicos fixados no relógio lhe traziam.

A partir do momento em que o relógio parou, até o momento em que retomou sua marcha, o "observador" achava-se "fora do corpo". Nos casos em que ocorreu apenas a diminuição do ritmo do ponteiro de segundos, o "observador" estava "dividido", parcialmente na praia e parcialmente no corpo, lidando com as informações a uma taxa reduzida.

---

3. Tart, Charles T. *Altered States of Consciousness*. Nova York: Wiley, 1969, pp. 335-45; Londres: Wiley, 1969.

4. Monroe, Robert A. *Journeys Out of the Body*, Nova York: Doubleday & Co., 1971; Londres: Souvenir Press, 1972. Targ, Russel e Puthoff, Harold. "Remote Viewing of Natural Targets", *Parapsychology Review*, 6:1975, pp. 1-3.

* Abreviatura do termo militar *Absent Without Official Leave*.

Nos próximos capítulos pretendo discutir como puderam ter ocorrido todos esses estranhos feitos do "observador". Por enquanto, ficaremos com os resultados da nossa experiência, procurando apreender-lhes o sentido.

No caso da parada total do relógio, os olhos transformaram-se numa objetiva inerte, deixando passar para a tela do cérebro a última informação que registraram, antes da partida do "observador". Isso é análogo ao que acontece com as atuais minicalculadoras, nas quais o visor mostra e retém a última informação digitada pelo operador.

É provável que um leitor atento tenha reparado numa interessante propriedade desse "observador": ele pode, numa fração de segundo, ir a lugares distantes. Pode abandonar seu corpo físico e ir a uma praia, situada a milhares de quilômetros longe dele, e regressar, tudo isso em um ou dois segundos.

No capítulo anterior, discutimos o comportamento de osciladores e pêndulos. Recordemo-nos do que acontece quando um pêndulo atinge uma de suas posições extremas.

Vimos que, entre o ponto onde o pêndulo atinge a parada total e o ponto onde reinicia seu movimento, há uma área onde a relação causal entre espaço e tempo é rompida, uma região onde sua posição "se esfumaça", e onde velocidades infinitas, ou quase infinitas, são atingidas, devido ao princípio da incerteza, que opera na escala quântica.

Sabemos que não é possível acelerar objetos físicos até à velocidade da luz — isso para não falarmos de velocidades infinitas. Contudo, sob as condições que estamos discutindo, a matéria física perde sua definição, seus limites tornam-se imprecisos e ela fica menos "sólida", o que faz com que seja mais fácil, para o observador, separar-se dela. Como já sabemos, desde o Capítulo 1, nossos corpos exibem um comportamento semelhante ao de um pêndulo. Seria possível ao observador — que não possui massa física — aproveitar cada um desses movimentos oscilatórios do corpo, e ficar indo e vindo, a velocidades altíssimas? E, se for esse o caso, para onde é que ele vai?

Um simples diagrama nos ajudará a ordenar os fenômenos precedentemente discutidos. (Não se deixe intimidar por diagramas. O autor compreende, perfeitamente, a aversão que a maioria das pessoas tem por matemática, por gráficos, etc. Não obstante, os diagramas comunicam melhor e mais depressa do que as palavras. Então, agüente um pouco, porque já vai terminar.)

Observe a Figura 23. Nela, o nosso espaço-tempo quadridimensional é representado por duas retas: a vertical indica o tempo; a horizontal, o espaço. Observemos que, conquanto o espaço tenha três dimensões, elas estão aqui representadas apenas pela direção horizontal. O fluxo do tempo em direção ao futuro é mostrado como um movimento ascendente, acima da linha horizontal; ao passo que tudo o que aconteceu no passado aparece, no diagrama, abaixo dessa linha. O ponto de intersecção das duas retas, a horizontal e a vertical, representa o nosso "agora", que é o ponto de partida de todo e qualquer evento.

Tentemos utilizar esse diagrama e ver como ele representaria o comportamento de um fóton, que é uma partícula de luz. Sabemos que a velocidade da luz é de cerca de 300.000 km/s. Então, partindo do ponto "agora", vamos marcar na linha vertical nossas unidades de tempo: 1 segundo, 2 segundos, 3 segundos. Na linha horizontal, assinalamos as distâncias percorridas pelo fóton: 300.000 km no primeiro segundo; 600.000 km no segundo segundo; 900.000 km no terceiro segundo.

Tracemos agora linhas pontilhadas, unindo os pontos respectivos nas retas vertical e horizontal. Da primeira, partem li-

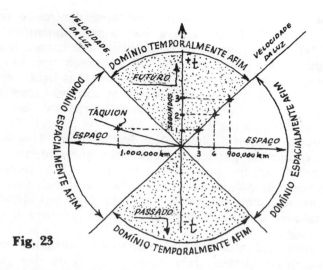

Fig. 23

nhas horizontais; da segunda, verticais. Cada duas dessas linhas originadas em cada um dos pontos dispostos ao longo das retas vertical e horizontal, respectivamente, irão interceptar-se. Tracemos então uma diagonal contínua, unindo esses pontos de intersecção, a partir do ponto de origem, o "agora". Podemos estender essa diagonal para baixo do ponto "agora", entrando no passado, e desenhar uma diagonal simétrica que também atravesse o ponto "agora" e "entre" no passado. As duas diagonais definirão dois triângulos, cujo vértice comum é o ponto "agora". É claro que suas bases não se acham delimitadas; estão abertas, porque não podemos delimitar o passado nem o futuro. Na realidade, podemos visualizar o ponto "agora" movendo-se para dentro do futuro e deixando em sua esteira os muitos "agoras" que compõem o nosso passado. Também podemos dizer que o triângulo superior (sombreado) descreve as atividades cuja ocorrência terá lugar no futuro, ao passo que o triângulo inferior (também sombreado) representa os eventos do passado.

No mundo físico, o sinal mais rápido está, naturalmente, limitado pela velocidade da luz. Em conseqüência, as diagonais que a representam demarcam os limites para a veloci-

91

dade com que um objeto pode deslocar-se dentro de nosso universo físico. Os físicos dão a esse comportamento o nome de "afinidade temporal" (*timelike*), ou comportamento temporalmente afim, referindo-se ao nosso universo, de espaço-tempo "normal". Isso porque todas as ações representadas nesse diagrama e que ocorrem sob velocidades inferiores à da luz tendem a se aglomerar ao redor do eixo dos tempos (linha vertical).

A despeito dessas limitações evidentes, há físicos corajosos investigando partículas hipotéticas que poderiam deslocar-se a velocidades superiores à da luz. Dão a essas partículas o nome de *táquions*. Sua velocidade mínima situar-se-ia imediatamente acima da velocidade da luz, estendendo-se até velocidades infinitas.[5] Isso nos leva até a outra metade do nosso diagrama.*

Suponha que um táquion esteja se deslocando numa velocidade quase infinita. Isso implica o fato de que ele se move praticamente ao longo do eixo espacial (linha horizontal). A velocidade é tamanha que ele quase não consome tempo. No exemplo anterior, o fóton levou três segundos para cobrir a distância de 900.000 quilômetros, conforme aparece no diagrama; o táquion vencerá essa distância num lapso de tempo praticamente nulo, de modo que seu movimento poderá ser plotado quase que exclusivamente no eixo horizontal, sem levar em consideração o eixo vertical dos tempos. Não há quase nada a ser assinalado na escala vertical porque quase nenhum tempo foi consumido no movimento desse táquion.

Suponha agora que o táquion diminua sua marcha para um milhão de quilômetros por segundo, o que ainda é uma velocidade consideravelmente mais alta que a da luz. Nesse caso, é claro que haverá um ponto associado ao tempo, que

5. Bilaniuk, Olexa-Myron e Sudarshan, E. C. *Physics Today*, maio de 1969, vol. 22.

* Freedman, David. "Beyond Einstein", em *Discover Magazine*, fevereiro de 1989, pp. 56-61. (*N.T.*)

será marcado na linha vertical, como aparece no diagrama. Contudo, ele continuará muito mais próximo da linha horizontal que da vertical.

Resumindo, todas as velocidades superiores à da luz tenderão a aglomerar-se em torno da linha horizontal, o eixo dos espaços. Por isso, os físicos deram a esse comportamento o nome de "afinidade espacial" (*space-like*), ou comportamento espacialmente afim. Velocidades que permitiriam a travessia do espaço enquanto que muito pouco tempo seria gasto no processo serão denominadas atividade "espacialmente afim".

Quando algo se move tão depressa que quase não consome tempo, então sua *velocidade é quase infinita*. Ora, quando alguma coisa se desloca com tamanha rapidez, deve estar presente em todos os lugares ao mesmo tempo! Nós, mortais, talvez possamos dar a esse tipo de comportamento um nome mais adequado: *onipresença*. É um conceito muito importante, sobre o qual nos alongaremos a seguir.

Onipresença

Todos nós já ouvimos falar dos aviões supersônicos que atravessam o Atlântico numa hora e meia. Nossos astronautas fazem-no em cerca de 15 minutos. Suponha, agora, que se tenha fabricado um avião capaz de fazer uma ida e volta entre Londres e Nova York em meio minuto. Imagine-se instalado nesse avião e perguntando à aeromoça onde é que você se encontra. Ela responderá: "Acabamos de deixar Nova York; estamos chegando em Londres. Opa!... Estamos voltando para Nova York." É claro que nossa pergunta não faz sentido. Tudo o que nos resta é aceitar o fato de que, de algum modo, estamos em ambas as cidades, mais ou menos ao mesmo tempo.

Suponha agora que construímos um veículo apto a viajar quase tão depressa quanto a luz. Isso significa que poderíamos dar cerca de sete voltas ao mundo em um segundo, e esse lapso de tempo nos bastaria para que pudéssemos ver praticamente qualquer ponto do nosso globo. O pessoal situado sobre a Terra poderia nos enxergar sempre num ponto, ou noutro, de modo que estaríamos formando uma concha de "presença" ao redor da Terra.

Vamos imaginar que nos deslocamos a velocidades quase infinitas. Então, é fácil perceber que podemos circunavegar e atravessar nosso sistema solar (ou nossa galáxia, ou mesmo o universo), muitas vezes por segundo, tecendo um padrão cerrado que envolve todo o sistema em questão. Poderíamos ver tudo o que existe para ver e estar em toda parte, num tempo praticamente igual a zero. Em outras palavras, seríamos *onipresentes*.

Depois que a novidade de ser onipresente houvesse arrefecido, e que tivéssemos nos acostumado às altas velocidades, sentiríamos que seria insuficiente ficar girando tão depressa, zunindo por toda parte. Também gostaríamos de saber o que estaria acontecendo pelo nosso sistema solar. Para tanto, precisaríamos inventar um computador muito veloz para processar as informações, e nossa imaginação, é claro, poderia construí-lo rapidamente e por um preço muito barato. Quando isso acontecesse, poderíamos absorver todas as informações a respeito do sistema solar, à medida que fossem chegando. Seríamos, então, não apenas onipresentes mas também oniscientes.

Eis que nos espalhamos por toda parte, através de todo o sistema solar e em torno dele, numa concha tremeluzente e vibrátil, vendo tudo e sabendo tudo. Esquecidas todas as dificuldades enfrentadas para realizarmos esse grande feito técnico, atingir velocidades quase infinitas tornou-se para nós um lugar-comum. Agora, passamos à auto-observação, e nos voltamos para nosso interior, refletindo sobre o estado em que nos encontramos. Chegamos, assim, à paradoxal conclusão de que andar tão depressa equivale a *estar em repouso*, em todos os lugares ao mesmo tempo! Chegamos à conclusão de que, se apenas pudéssemos expandir, por algum meio, nossa consciência, nossa "mente-observador" seria capaz de abarcar o espaço todo, o que tornaria desnecessário correr tão depressa. Igualmente, compreendemos que o atingir velocidade infinita poderia significar atingir uma condição superior de repouso, um outro *estado de ser*. Aqui o círculo se fecha. É hora de voltar aos nossos diagramas.

Vamos fazer um outro, semelhante ao da Figura 23, com as mesmas coordenadas "objetivas". Por "coordenadas objetivas" queremos indicar que elas representam o espaço e o tempo conforme normalmente os conhecemos. Mas, paralelamente a essas coordenadas objetivas, acrescentemos linhas tracejadas, representando nossas coordenadas subjetivas, no tempo subjetivo e no espaço subjetivo (Fig. 24). Em nosso estado "normal" de consciência desperta, esses dois sistemas de coordenadas são paralelos e se sobrepõem. Todavia, durante a maior parte do tempo, há uma flutuação periódica, que se repete, aproximadamente, a cada hora e meia.[6]

Fig. 24

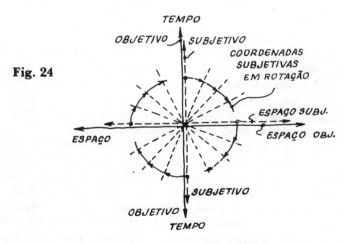

6. Lavie, Peretz e Kripke, Daniel F. *Psychology Today*, abril de 1975, p. 54.

Apresento a sugestão de que, durante estados alterados de consciência, nossas coordenadas de espaço-tempo subjetivas separam-se das coordenadas objetivas e giram em torno do centro comum, como é mostrado na Figura 25.

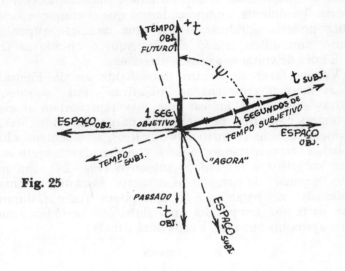

Fig. 25

Vamos girar os eixos das coordenadas subjetivas de um ângulo arbitrário, a que chamaremos de ψ (psi). Tracemos uma linha paralela ao eixo horizontal do espaço objetivo, a partir do ponto "1 segundo", situado na reta vertical. (Isso representa a projeção de um segundo de tempo objetivo no nosso tempo subjetivo.) Determinemos o ponto de intersecção com este último, t_{subj}. Medindo a extensão da diagonal, desde o "agora" até a intersecção, descobrimos que nossa unidade de tempo subjetivo é maior que a de tempo objetivo. Isto é, tudo se passa como se dispuséssemos de *mais tempo* do que antes para fazer o que estamos fazendo. De fato, no caso do ângulo escolhido no diagrama, temos à nossa disposição quatro segundos subjetivos para um segundo objetivo.

Voltemos ao exemplo do indivíduo sob a influência de droga alucinógena, que está ouvindo alguém falar. Suponha que quem fala pronuncie uma palavra por segundo. O primeiro, que presumivelmente se encontra num estado alterado de consciência, terá mais tempo subjetivo para ouvir as palavras e, portanto, estará em melhor posição para analisá-las, pois seus processos mentais estarão operando no ritmo objetivo normal.

Um exemplo simples fornecerá uma analogia para esse fenômeno. Imagine um mastro sobre o qual há nódulos. Quando o Sol está num ângulo baixo, a sombra do mastro é muito alongada, de modo que podemos analisar com mais detalhes os nódulos e os espaços entre eles (Fig. 26).

Fig. 26

Aqui, o leitor atento talvez faça essa observação: "Por que complicar tanto as coisas? A maior parte desses fenômenos pode ser explicada simplesmente supondo que nossos processos mentais sofreram considerável aceleração, ficando, por isso, muito intensificado o grau de agudeza de nossa percepção. Não precisamos de espaço e tempo subjetivos para explicar distorções temporais."

No entanto, como veremos mais tarde, não é bem esse o caso. Olhando de novo o diagrama, damo-nos conta de que qualquer acréscimo do ângulo ψ resultará num aumento enorme no tempo subjetivo.[7] À medida que o eixo do nosso tempo subjetivo se aproxima da direção horizontal, percebemos que, talvez, possamos dispor de um milhão de segundos subjetivos para cada segundo de tempo objetivo. Isso porque o ponto de intersecção da reta horizontal, que assinala o valor "1 segundo" do tempo objetivo, com o eixo onde marcamos nosso tempo subjetivo, estará muito longe do ponto "agora". E quando nosso eixo do tempo subjetivo torna-se finalmente horizontal, nosso tempo subjetivo torna-se infinitamente longo, de modo que, nessas condições, não estamos consumindo nenhum tempo objetivo.[8]

À essa altura, seria útil resumir o que aprendemos com os dois diagramas de espaço-tempo.

Com base na Figura 23, aprendemos que quanto mais rápido for o movimento de um objeto, mais próximo ele estará da reta horizontal, isto é, seu comportamento caracterizará uma "afinidade espacial".

A Figura 25, por sua vez, levou-nos à conclusão de que, quanto mais nosso eixo do tempo subjetivo se inclinar em direção à reta horizontal, mais tempo subjetivo teremos à mão.

Se combinarmos esses dois diagramas, teremos de concluir que inclinações progressivamente maiores do nosso eixo do tempo subjetivo farão com que nos comportemos de maneira cada vez mais "espacialmente afim". Isso significa que, num estado alterado de consciência, estaremos nos expandindo rapidamente através do espaço. Em outras palavras, *uma expansão da consciência leva a uma expansão no espaço*. Isso pode ocorrer a velocidades inferiores ou superiores à da luz.

7. Os valores da razão $\frac{t_{subj.}}{t_{obj.}}$ aumentam rapidamente quando ultrapassamos 89 graus. Se o ângulo medir 89,9 graus, o valor da razão estará em torno de 573. E, para um ângulo de 89,9999 graus, esse número ultrapassará 1.000.000.

8. Quando o ângulo ψ iguala 90 graus, o tempo subjetivo torna-se infinitamente longo. Isso porque, sendo o co-seno de 90 graus igual a zero, temos:

$$\text{tempo subjetivo} = \frac{1}{\cos \psi} = \frac{1}{0} = \infty \text{ (infinito)}$$

É provável que o leitor atento haja notado que, em nosso tempo subjetivo, atravessamos sem a menor cerimônia a barreira da velocidade da luz. Mas isso é algo que nenhum objeto físico pode fazer. Como, porém, nosso "observador" é uma entidade não-física, não terá problemas para realizar esse feito. No entanto, o "observador" ainda se acha tenuamente ligado ao corpo físico, e os sentidos físicos ainda lhe retransmitem mensagens livres de distorções. O "observador" ainda está funcionando contra o pano de fundo do espaço-tempo físico, embora o faça sem grande dependência, frouxamente. Atravessando a barreira da velocidade da luz, eis que ele se encontra num universo "espacialmente afim", ou predominantemente espacial, um novo e estranho universo, onde a velocidade não conhece limitações, e onde o tempo está sendo transformado em espaço.

O eu "ligado e desligado"

Comecemos agora a aliar essas idéias às suposições sobre o bizarro comportamento que atribuímos ao pêndulo, ou oscilador, que discutimos no Capítulo 3.

Quando, nas vizinhanças imediatas do ponto extremo, as distâncias que o pêndulo cobre por unidade de tempo tornam-se extremamente pequenas, ocorrem velocidades infinitas, ou quase infinitas. Mas, o que é que se desloca a velocidades infinitas? A resposta parece ser esta: quem se desloca a velocidades infinitas é uma entidade não-física, o "observador", enquanto o corpo físico perde seus limites bem definidos no espaço. (Não podemos conhecer sua posição.) O "observador" retém sua integridade enquanto unidade de processamento de informações, a despeito de sua rápida expansão no espaço. Quanto ao corpo físico, tudo o que podemos dizer é que, a cada oscilação, ele "pisca", ligando e desligando, duas vezes, nos pontos de repouso.

Então, enquanto nosso corpo oscila, cerca de sete vezes por segundo, e "pisca" duas vezes a cada uma dessas oscilações, o "observador" se expande no final de cada movimento, durante um curtíssimo intervalo de tempo objetivo, contraindo-se em seguida, sem ter nenhuma consciência do evento. Em outras palavras, nosso ângulo ψ, momentaneamente, abre e fecha, afastando-nos do tempo objetivo e "voltando de ré", até que o eixo do tempo subjetivo fique novamente paralelo ao objetivo. Isso estaria acontecendo cerca de catorze vezes por segundo, porque, em cada ciclo, há dois pontos de repouso. Normalmente, não retemos nenhuma lembrança desse evento. Entretanto, o "observador" pode, nesse reduzidíssimo intervalo de tempo, percorrer grandes distâncias e observar muitas coisas. Não é, pois, de admirar que conseguiu, em alguns segundos, ir até uma praia distante e retornar.

Na medida em que cresce nossa capacidade em manter um estado de expansão da consciência, o ângulo ψ não se fecha, anulando-se, mas sim flutua a certa distância do tempo objetivo. Isso aumenta nosso tempo subjetivo, de maneira que podemos começar a recordar-nos de alguma informação recebida enquanto estivemos fora do corpo.

De tudo o que ficou dito, segue-se que podemos descrever o nível de consciência de uma pessoa *por meio da razão entre o seu tempo subjetivo e o seu tempo objetivo*. A gama dessas razões é muito ampla. Começa com pequenas diferenças, que normalmente seriam interpretadas como uma simples "divagação da atenção" (nosso modesto experimento com o relógio), passando pelo sonhar, que é, nitidamente, um estado alterado de consciência, e passando pela dilatação temporal induzida por hipnose. E chegando, finalmente, a um estado de meditação profunda, durante o qual o tempo é "parado", ou "quase parado". Podemos expressar isso numa forma matemática simples:

$$\text{índice de nível de consciência} = \frac{\text{tempo subjetivo}}{\text{tempo objetivo}}$$

No caso do exemplo da Figura 25 temos:

$$\frac{\text{tempo subjetivo}}{\text{tempo objetivo}} = \frac{4 \text{ segundos}}{1 \text{ segundo}} = \frac{4}{1} = 4$$

Ou seja, 4 é o nosso índice de nível de consciência.

Até agora, não tratamos do que estaria acontecendo com nossa coordenada de espaço subjetivo, que sofre rotação juntamente com a coordenada de tempo subjetivo.

À medida que o tempo subjetivo se alonga, o "observador" se expande dentro do seu espaço subjetivo. (Lembre-se de que a coordenada espacial representa o espaço tridimensional.)

Depois de "abrir um túnel"* em nossa dimensão temporalmente afim, que leva para a dimensão espacialmente afim, nosso eixo do espaço aproxima-se do eixo do tempo objetivo. Isso traz consigo algumas conseqüências espantosas. Nosso espaço subjetivo, temporalmente afim, tende a transformar-se em tempo objetivo. Isso significa que o nosso "observador", ao viajar por aquele que considera o seu espaço, está, na verdade, *movendo-se através do tempo objetivo, que é o mesmo para ele e para outras pessoas*, tanto para o passado como para o futuro. Isso talvez possa explicar o mecanismo pelo qual atuam os clarividentes.[9]

* Usando a expressão *tunneling*, Bentov faz uma alusão ao efeito túnel, um comportamento que não é explicado pela mecânica clássica, embora o seja pela mecânica ondulatória. Quando uma partícula está submetida a um campo de força cujo potencial é maior que a energia cinética da partícula, esta não consegue atravessar a barreira de potencial. Contudo, a experimentação mostra que, mesmo nessas condições, a partícula não é detida pela barreira de potencial. Na mecânica ondulatória, esse fenômeno é descrito por uma forma particular da equação de Schrödinger, que conta com uma solução específica para o caso. Essa solução evidencia a existência de uma probabilidade finita de a partícula atravessar a barreira, como que abrindo um túnel no campo. Mais uma "estranheza" (no sentido vulgar) da física moderna (*N.T.*).

9. Clarividentes são pessoas capazes de atuar sem as restrições do espaço e do tempo, e que conseguem ver e descrever eventos passados ou futuros, tanto no domínio físico como no não-físico.

Eles parecem capazes de descrever o passado. Alguns deles conseguem fazê-lo surpreendentemente bem. É até mesmo possível que predigam o futuro. No entanto, uma vez que o futuro consiste em probabilidades que dependem do livre-arbítrio humano, tal viagem rumo ao futuro seria um tanto vaga e pouco confiável (Fig. 27).

TROCANDO TEMPO OBJETIVO POR ESPAÇO SUBJETIVO...

Fig. 27

Quando alguém pergunta a um clarividente: "Como é que você faz isso?", ele responde: "Eu entro no seu passado." Ele sente como se se movesse através do tempo. Para ele, tempo é espaço.

Voltemos ao experimento com o relógio.

Pedi para você visualizar uma atividade favorita. Com isso, seu "observador" foi automaticamente programado para deslocar-se até o passado, pois essa atividade favorita só pode ser uma experiência pretérita. Seu "observador" deslocou-se para dentro do passado e, num piscar de olhos, foi até uma praia, regressando num outro piscar de olhos. Valendo-se do seu tempo e do seu espaço subjetivos, ele entrou numa outra "realidade". Pode-se, também, pensar na projeção do "observador" no futuro, se isso não for exigir demais. Também nesse caso o tempo será mais lento.

À primeira vista, tudo isso parece muito confuso. No entanto, trata-se de um modo bastante simples e sintético de explicar muitos fenômenos enigmáticos, para os quais ainda não há explicações científicas.

Se assim é, pergunta-se: Em que consiste a realidade? Como é que a vemos, à luz de todos esses fatos?

Nossas realidades: a sólida e a não tão sólida

Vamos voltar ao pêndulo, que é o nosso corpo. Ele oscila cerca de sete vezes por segundo. Cada vez que o corpo entra em repouso (quatorze vezes por segundo), o "observador", animado de altíssima velocidade, expande-se pelo espaço objetivo, lançando mão para isso de seu tempo subjetivo. Essa expansão não consome praticamente nenhum tempo.

A Figura 28 descreve a relação entre nossas diferentes realidades.

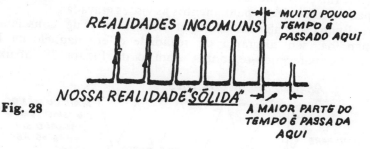

Fig. 28

Nossa sólida realidade física continua sendo o que é, salvo durante diminutas pausas, durante as quais o "observador" vai e vem. Um "observador" sem treino retorna sem comunicar à mente e ao cérebro nenhum conhecimento obtido nos períodos de "saída", quando ingressou em outras dimensões ou realidades. Em outras palavras, sua experiência não atinge normalmente o nível do pensamento consciente.

Um exemplo muito bom desse fato é a chamada "propaganda subliminar". Trata-se de uma técnica que era empregada, há alguns anos, na propaganda cinematográfica e televisiva de produtos, e que consistia na brevíssima exposição de uma mensagem comercial sobre a tela. Devido à rapidez da projeção, a mente consciente não era ativada para produzir uma imagem de pensamento que fosse coerente, de modo que o público jamais se apercebia do que estava acontecendo. A mente subconsciente, porém, sendo muito mais rápida, captava a mensagem, e o público, obedientemente, consumia os produtos anunciados. Felizmente, essas técnicas de propaganda foram consideradas ilegais.

Conforme mostramos há pouco, um "observador" treinado (aquele que pode, por um certo tempo, manter-se num nível de consciência elevado) consegue alongar consideravelmente o seu tempo subjetivo. Ele pode, é claro, realizar observações e gravar as informações que extrai do que vê. Depois, ao regressar, é capaz de traduzir em pensamentos as visões gravadas.

Enquanto alguém se acha num estado de consciência expandida, seu diagrama da realidade difere daquele da Figura 28, parecendo-se, antes, com o da Figura 29, abaixo.

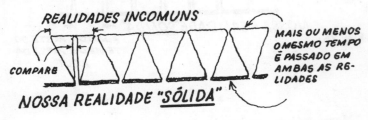

Fig. 29

Se você observar a linha superior, verá que a outra realidade do "observador" transformou-se numa linha tão contínua e extensa quanto a sua realidade física. Ele está passando tanto tempo lá quanto no nível físico (não no verdadeiro tempo objetivo). Deveria, portanto, ser capaz de traçar uma figura coerente de suas experiências, descrevendo o que vê por lá.

Nos próximos capítulos, explicaremos o desenvolvimento da habilidade para reter essas informações.

Até agora, utilizamo-nos do ritmo corporal de 7 Hz como um gatilho para a "ejeção" do "observador". Mas, recordando o que dissemos no Capítulo 3, qualquer oscilador tende a desaparecer e a reaparecer ao embalo do seu próprio ritmo. Os átomos do nosso corpo são esses osciladores, vibrando a uma freqüência de cerca de 10^{15} Hz. É possível que nossos corpos "pisquem", ligando e desligando, nesse mesmo ritmo elevado de oscilação. Não há meios de se saber se de fato isso é assim, porque não dispomos atualmente recursos que nos permitam registrar fenômenos tão rápidos. No entanto, não podemos afirmar que todos os átomos do nosso corpo estejam pulsando sincrônica e coerentemente. Temos de imaginar que a cintilação do nosso corpo, ligando e desligando, é um processo gradual, onde diferentes áreas desaparecem, e outras aparecem. Em outras palavras, achamo-nos parcialmente "fora" da realidade física, durante todo o tempo. Isso, no entanto, não altera o modelo básico apresentado aqui, pois a duração dos períodos de aparição e desaparição não tem importância.

Na improvável eventualidade de ocorrer coerência total no corpo (o que poderia ocorrer em níveis de consciência muito elevados), então é claro que o corpo inteiro desaparecerá e reaparecerá como uma unidade. Num tal estado, podemos esperar por ver acontecimentos muito incomuns.

Consideramos a pulsação de 7 Hz como o número mínimo de períodos de liga-desliga porque se trata de um padrão mensurável.

Sumário

Um experimento com o tempo demonstra a existência de espaço-tempo objetivo e espaço-tempo subjetivo, normalmente coincidentes.

Durante estados alterados de consciência, eles se separam, o que nos permite funcionar em nosso espaço-tempo subjetivo.

Isso explica muitos fenômenos, tais como a clarividência, a telepatia, etc.

Postulamos a existência de um "observador", que é a nossa "psique", o qual se torna "onipresente", por um período de tempo muito exíguo. É esse o tempo exigido pelo pêndulo, ou oscilador, para inverter o sentido do seu movimento.

Nossos corpos são osciladores, tanto quanto os átomos que os constituem. Portanto, expandimo-nos para dentro de uma dimensão espacialmente afim, muitas vezes por segundo e numa velocidade altíssima, e colapsamos, com igual rapidez, possivelmente na freqüência vibratória dos átomos. No entanto, *podemos expandir em muito nosso tempo subjetivo quando estamos num estado alterado de consciência*. Isso nos permite observar a atividade de outras psiques, que se encontram "lá fora", ao ritmo de um passo vagaroso, e trazer, ao voltar de "lá", informações úteis. Isso ocorre sem o dispêndio de muito tempo objetivo.

Desse modo, nossa realidade é construída com base numa ida-e-vinda, constante e rápida, entre nossa realidade sólida e as realidades incomuns, que partilhamos com todos os demais.

Um estado de consciência mais amplo, ou mais elevado, implica uma expansão espacial da nossa psique.

106

5. QUANTIDADE E QUALIDADE DE CONSCIÊNCIA

No capítulo anterior, discorremos acerca de estados alterados de consciência, e até logramos definir níveis de consciência como estando, de algum modo, vinculados à razão entre tempo subjetivo e tempo objetivo. Agora, precisamos tentar interpretar o que significa "nível de consciência", e ver como ele se encaixa no esquema das coisas.

Tentemos primeiro definir "consciência" nos termos mais simples possíveis. Podemos dizer que ela é a capacidade de resposta a estímulos, por parte de um sistema, que também pode ser um sistema nervoso, por mais rudimentar que seja.

Suponha que estimulemos um átomo, submetendo-o à luz ultravioleta, ou outro tipo de radiação eletromagnética. Em conseqüência, um ou mais elétrons podem ser excitados e responder, saltando para uma órbita mais afastada do núcleo. Quando removemos esse estímulo, os elétrons retornam às suas órbitas de origem e, no processo, emitem fótons de uma certa energia ou freqüência. Diferentes estímulos geram diferentes respostas desse sistema.

A seguir, estimulemos um vírus. Ele reagirá, respondendo de várias maneiras. Se "cutucarmos" uma bactéria, suas reações serão em número ainda maior que as virais; a bactéria poderá dar risadinhas, abanar seus flagelos, etc. Quanto mais elevado e complexo for o organismo, mais variadas e numerosas serão as respostas a cada estímulo.

Quando chegamos aos mamíferos e, finalmente, aos seres humanos, o número de respostas possíveis cresce dramaticamente. Assim, vamos definir esse número como a *quantidade de consciência*. Ninguém duvida de quão arbitrário isso possa parecer. Mesmo assim, vamos supor, de início, que o número de respostas de um sistema seja igual à "consciência". Pode ser que, no começo, fiquemos constrangidos em conceber um átomo ou uma rocha como uma coisa viva, porque associamos consciência à vida. Mas, essa noção não passa de uma limitação humana. Uma rocha também pode sentir dificuldade em entender a consciência humana.

Presentemente, restringimos a expressão "seres vivos" aos seres que podem reproduzir-se. Creio que isso é muito arbitrário. Parece que, quando afirmamos não existir "vida" em sistemas que vão desde os átomos até a agregados maiores, estamos projetando sobre eles nosso comportamento. Fazemos o mesmo, quando, ao constatarmos que os agregados de átomos atingem um estágio de organização, dizemos que, subitamente, a "vida" aparece, porque podemos reconhecer no comportamento desse agregado nosso próprio comportamento.

Minha premissa básica é a de que a consciência reside na matéria; dizendo isso de outra maneira, toda massa (matéria) contém consciência (ou vida) num grau maior ou menor. Ela pode ser refinada ou pode ser primitiva. Nós, seres humanos, somos "planejados" de forma tal que, adequadamente treinados, podemos interagir com qualquer coisa que tenha consciência, esteja esta no nível que estiver.

Dissemos que o átomo tem consciência porque pode responder a estímulos. Ora, toda realidade física é construída com átomos, dispostos em agregados maiores ou menores.

Conseqüentemente, podemos dizer que uma dada massa contém esse ou aquele percentual de consciência. Esse percentual variará em quantidade e qualidade de acordo com os diferentes níveis evolucionários.

Há uma certa relação entre o número de respostas por estímulo, ou *quantidade de consciência*, e o nível de consciência, ou *qualidade de consciência*. Expressaremos esta última em termos de resposta de freqüência (ou resposta sinusoidal). Quanto mais elevada for a qualidade de consciência, mais elevado será o espectro de respostas de freqüência do sistema.

Sabemos que nossos ouvidos respondem a estímulos sonoros que vão de cerca de 30 Hz a 20.000 Hz. Desse modo, podemos dizer que nosso mecanismo auditivo apresenta uma gama de respostas de freqüência que vai de 30 Hz a 20.000 Hz.

Também sabemos que é limitada a gama de respostas de freqüência da nossa visão do mesmo modo que as de todos os nossos sentidos.

Desse modo, a "qualidade de consciência" define o grau de refinamento de tais respostas, bem como seu espectro. Poderíamos, igualmente, associá-la à inteligência da resposta.

É importante observar que a quantidade de consciência nada tem a ver com o tamanho, ou o volume, da entidade envolvida. Refere-se, apenas, ao número de respostas de que esta é capaz.

Construiremos, agora, um diagrama para mostrar a relação entre esses dois aspectos da consciência.

Olhe para a Figura 30, na página seguinte.

Na linha horizontal, assinalamos a quantidade de consciência; na vertical, sua qualidade. Utilizemo-nos do átomo como uma unidade básica de consciência, e associemos uma escala arbitrária de números às várias categorias de seres. Designaremos por f_1 a resposta de freqüência do átomo; a seguir, por f_2, a de um vírus; por f_3, a de uma planta; um cão estará associado a f_4; por fim, f_5 indicará um ser humano. Posicionaremos os seres humanos inteligentes altamente desenvolvidos no nível f_6. A região compreendida entre f_5 e f_6 representa as respostas do sistema nervoso humano a todos os possíveis estímulos oriundos de nossos sentidos. Isso inclui instrumentos que utilizamos como extensões desses sentidos.

Deixem-me esclarecer melhor esse esquema. Suponha que fotografamos uma mulher sentada na frente de uma mesa. Mostramos a foto a um homem de limitada percepção, e pedimos para ele descrever o que está vendo.

A resposta provável será: "Uma mulher, sentada na frente de uma mesa."

Vamos mostrar a mesma foto para outra pessoa. Ela descreverá, com muitos detalhes, o estilo, a composição, o jogo de cores, etc. É provável que tenhamos de fazer com que ela pare de falar. Essa pessoa tem respostas mais aprimoradas, e também um espectro de respostas mais amplo. Por isso, descreve a foto com mais fidelidade.

Desse modo, a largura da faixa delimitada por f_5 e f_6 exprime as respostas do sistema nervoso humano a todos os estímulos possíveis.

Nossa realidade física é-nos comunicada por todos os sinais de entrada possíveis ao nosso sistema sensório. Esse

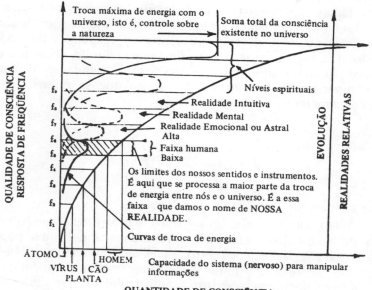

Fig. 30

QUANTIDADE DE CONSCIÊNCIA: É dada em termos do número de respostas que um sistema pode dar, como reação a um estímulo.

QUALIDADE DE CONSCIÊNCIA: É o grau de *refinamento* ou inteligência de tais respostas, bem como o seu espectro, expresso em termos de resposta de freqüência. Cada faixa de freqüência corresponde a uma faixa de realidade.

REALIDADES RELATIVAS: São todas as faixas de realidade abaixo do ABSOLUTO.

ABSOLUTO: É a soma total da consciência existente no universo.

CURVAS DE TROCA DE ENERGIA: Mostram o alcance da troca de energia entre uma entidade e seu meio ambiente. Assim, quanto às interações dos seres humanos com seu ambiente, a máxima troca de energia ocorre na crista da curva. É o nosso ponto de ressonância com o meio ambiente.

sistema codifica para nós, num código de ação e repouso, que descrevemos no Capítulo 3, as informações com que nosso cérebro constrói nossa realidade. Mas, então, as outras faixas diagramadas acima da que descreve as respostas de freqüência humana (tais como a f_7 e a f_8), ou aquelas abaixo dela, também devem representar as realidades da população que ocupa esses níveis. Em suma, aquilo com que estamos lidando aqui são, efetivamente, realidades diferentes, superiores e inferiores à nossa, no que se refere à evolução da matéria no universo.

Disso tudo resulta que temos na Natureza um espectro de realidades, cada uma delas ocupada por uma população caracterizada por certo nível de consciência. Minha sugestão de que um mineral, ou um vegetal, também possui alguma consciência, e forma uma realidade que lhe é própria, pode parecer inabitual. Contudo, na medida em que prosseguirmos, espero convencê-lo da validade desse ponto de vista.

Não se deve supor que esse espectro de realidades tenha fronteiras nitidamente definidas; é preferível considerá-lo semelhante à faixa de radiações eletromagnéticas a que chamamos de espectro visível, e que engloba radiações cujos comprimentos de onda vão de cerca de 4.000 Å (ångströms) até 8.000 Å (1 ångström = 10^{-10} m). Dizemos que ele contém cores que variam do violeta ao vermelho profundo, passando pelo azul, o verde, o amarelo, etc. Não há linhas nitidamente definidas separando as cores, que se mesclam e se substituem suavemente.

Vamos, agora, examinar o diagrama como um todo. Vemos que a relação entre a quantidade e a qualidade da consciência é dada por uma linha curva. Notamos que, na parte de cima, a que daremos o nome de "absoluto", essa linha curva torna-se quase paralela à reta horizontal superior. Repare que, a cada salto de uma realidade para outra, mais alta — digamos, de f_2 para f_3 —, há um aumento relativamente pequeno na quantidade de consciência, ao passo que, na passagem entre realidades mais altas — digamos, de f_{10} para f_{11} — esse aumento é muito grande. De fato, à medida que a curva se aproxima do absoluto, esse aumento tende a tornar-se infinitamente grande. Portanto, podemos dizer que o "absoluto" contém toda a consciência existente no universo. *Ele é a fonte de toda a consciência.*

Olhe, agora, para a seta da evolução, no lado direito do diagrama. Ela aponta em direção ao absoluto. Isso implica que, a começar do átomo, toda a matéria no universo está ascendendo através de níveis de consciência, sob a ação das forças de evolução, até que, por fim, atinja o absoluto. Isso também significa que a matéria está se combinando e se tornando mais e mais complexa, formando, à medida que o tempo passa, sistemas nervosos mais intricados, capazes de interagir com a Natureza em padrões mais complexos. Em outras palavras, a qualidade da sua consciência está crescendo.

Voltemos agora nossa atenção para as pequenas curvas em forma de sino, traçadas sobre a linha vertical à esquerda. Vamos chamá-las de "curvas de troca de energia". Vemos que as curvas inferiores, mais próximas da linha de baixo, são menores, ao passo que, quanto mais subimos, mais aumenta a altura dessas curvas. À medida que progredimos na escala evolutiva, aumenta nossa interação com o meio ambiente. Nos níveis mais altos, isso significa controle sobre o meio ambiente ou a Natureza.

Alguém poderá perguntar: "O que distingue nossa realidade das outras?" A resposta é que nosso sistema nervoso, que interpreta a realidade para nós, interage mais intensamente no âmbito da faixa de freqüência entre f_5 e f_6. Somos, por assim dizer, sintonizados para permutar o máximo

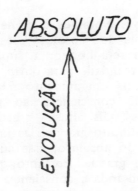

de energia com o ambiente que nos envolve, e com ele estamos em ressonância. É esse o significado da curva de troca de energia. A crista da curva situa-se no meio da nossa faixa de realidade, mas você pode observar que a curva se estende por dentro da próxima realidade, mais alta, bem como das outras, abaixo da nossa — as realidades dos animais e das plantas. Esse é o nosso leque normal de interações. Quer o saibamos, quer não, interagimos com outros níveis.

Sabemos, por exemplo, que se tentarmos empurrar nosso dedo indicador no sentido de penetrar através da espessura de uma mesa, encontraremos dificuldade, devido à resistência que ela oferece. Ou que, se dirigirmos um carro a 100 km/h, e este for de encontro à pilastra de uma ponte, haverá uma forte interação entre nós e ela. No entanto, se *sonhamos* que estamos dirigindo o mesmo carro a 100 km/h, a interação não será tão intensa. Acordaremos um pouco sacudidos, e diremos para nossos botões: "Ainda bem que tudo não passou de um sonho." Esta interação é, nitidamente, menos intensa — e menos dispendiosa.

É provável que, a essa altura, você já esteja suspeitando que, em algum lugar acima de nós, existe uma outra realidade que é a realidade de sonho. Nossa curva de troca de energia alcança essa outra realidade, e vai até mesmo além

dela. A curva referente ao nível seguinte, que (utilizando a terminologia esotérica existente) chamaremos de nível "astral", é mais alta que a nossa. Ela entra pela nossa realidade e vai até abaixo desta, penetrando na realidade mineral. É claro que a população da realidade astral pode afetar nossa realidade de modo bastante substancial. É importante notar que a crista da sua curva de troca de energia é mais alta que a nossa, significando isso que os seres astrais podem interagir com o seu meio ambiente e com a Natureza, em geral, mais fortemente do que nós. Eles podem fazer coisas acontecerem quando menos se espera, na calada da noite.

Observe também que no nível acima do astral, f_8 , a curva de troca de energia é ainda mais alta, o que nos indica serem igualmente mais elevados sua interação com a Natureza e o resultante controle sobre ela. Chamaremos a esse plano de nível "mental", nome com que se refere a ele a maior parte da literatura esotérica.

Ao nível que fica acima do mental daremos o nome de "causal" ou "intuitivo", onde, por sua vez, ocorre uma interação de energias ainda mais poderosa, e um aumento ainda mais acentuado na quantidade de consciência por faixa de realidade.

Quando subimos ainda mais na escala evolutiva, encontramos as chamadas "realidades espirituais", que se sucedem,

ESPIRITUAL

EMOCIONAL

SER HUMANO

ANIMAL

PLANTA

MINERAL

até o absoluto. Repare na altíssima curva de troca de energia do nível mais alto, o espiritual, o que implica total controle sobre a Natureza.

Podemos resumir do seguinte modo todas as afirmações acima: parece que, devido à capacidade da matéria para conter consciência, surge um espectro contínuo de realidades. Assim, uma rocha conterá menos consciência que uma planta ou um cão. Isso deixa à rocha um menor grau de controle sobre seu meio ambiente, um menor número de respostas possíveis e, em conseqüência, menos livre-arbítrio (se é que se pode falar em livre-arbítrio de uma rocha). Todavia, não nos esqueçamos de que nós, seres humanos, também usufruímos de um livre-arbítrio limitado. Seu grau, bem como nossa capacidade para controlar ou criar nosso próprio meio ambiente serão tanto maiores quanto mais para cima nos movernos na escala da evolução.

Também ficamos sabendo, no Capítulo 4, que os sistemas oscilantes ou de movimento alternativo tendem a disparar para fora de seus limites muitas vezes por segundo, numa velocidade quase infinita, em direção às profundezas selvagens e azuis do universo espacialmente afim. No entanto, uma vez que isso acontece com todas as coisas e com todos nós (pois um átomo é um sistema oscilante), devemos todos nos encontrar e interagir, durante esses minúsculos intervalos de tempo em que estamos "fora". Em outras palavras, toda a criação está em contato constante e instantâneo, no nível do universo espacialmente afim, estando algumas criaturas mais conscientes desse fato do que outras. Decorre daí que a curva de troca de energia nunca chega ao zero; há sempre alguma interação ocorrendo através de todos os níveis.

A hierarquia das realidades: o absoluto

Você deve se lembrar, de capítulos anteriores, que nossa realidade está codificada em termos de movimento e re-

117

pouso. E também de que, quando um oscilador atinge o estado de repouso, ele penetra, por meio de uma espécie de efeito-túnel, numa dimensão espacialmente afim, o que pressupõe velocidades infinitas, equivalentes a um estado de repouso. Ele torna-se onipresente. Em outras palavras, o oscilador terá atingido um estado de, simplesmente, "ser", durante um brevíssimo período de tempo. No entanto, quando ele está em movimento, as coisas continuam como sempre foram. Desse modo, separamos esses dois componentes da realidade: movimento e repouso.

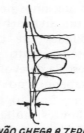

NÃO CHEGA A ZERO

Vamos agora dar uma olhada nesse estado de "ser".

Está ficando claro a possibilidade de identificarmos o estado de ser com o absoluto, uma vez que nenhum dos dois envolve qualquer movimento ou ação, implicando repouso total. Trata-se contudo, ao mesmo tempo, de um estado de alta energia potencial, pois esse estado de repouso equivale a movimento infinitamente rápido. De fato, podemos dizer que os dois conceitos contrastantes de movimento e repouso reconciliam-se no absoluto. Podemos considerar esse estado ou realidade como nossa linha de base, que nos servirá de referencial absoluto, relativamente ao qual todas as coisas, no âmbito da criação, podem ser medidas. Ele será então um componente sempre presente em todas as nossas realidades.

Na nossa discussão sobre o holograma, no Capítulo 1, vimos que há necessidade de dois componentes para a formação de uma imagem ou de uma "realidade". O primeiro é o feixe de referência; o segundo — o que passou por experiência — é o feixe modulado ou fora de fase. É somente quando ambos interagem sobre o mesmo plano (onde colocamos uma chapa fotográfica) que obtemos uma imagem. Como esse é um mecanismo utilizado extensamente pela Natureza, podemos também aqui lançar mão dele, como uma analogia. Mas é importante não se esquecer que os dois feixes de laser provêm de uma fonte comum. O feixe original é dividido em dois. O feixe de referência retém consigo o comportamento inalterado da fonte de luz, ao passo que o feixe de trabalho é alterado, ou "modulado", devido ao seu contato com os objetos que ilumina.

Podemos lançar mão de outra analogia, que nos ajudará a explicar a natureza do absoluto e os aspectos relativos da realidade. Olhe para a Figura 31.

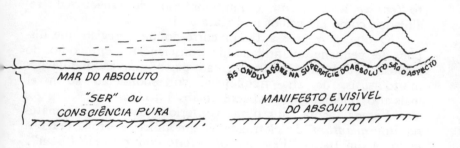

Fig. 31   Fig. 32

Vamos representar o absoluto pela imagem de um mar, profundo e ilimitado. A superfície desse mar é muito calma e tão uniforme que chega a ser invisível (Fig. 31). O absoluto é o marco de referência em relação ao qual podemos comparar tudo o mais.

Atente, agora, para a Figura 32.

Vamos, agora, provocar ondulações na superfície desse mar (Fig. 32). Ficamos observando as ondas surgirem e quebrarem a uniformidade da superfície lisa. Esse ondular faz com que a superfície fique repentinamente visível. De modo análogo, quando irrompe, no absoluto, movimento ou vibração, ele se torna visível ou manifesto, e lhe damos o nome de realidade física, ou relativa.

O conceito que é importante reter é o de que o mar representa um elemento que permeia tudo, que forma todas as realidades, e ao qual podemos chamar de "ser absoluto" ou "consciência pura".

Podemos produzir ondas ou ondulações nesse mar; mas, as camadas mais profundas dessa água jamais serão perturbadas. Nelas prevalecerá um estado de eterno repouso.

Podemos também comparar o tamanho das ondulações ou das ondas com as diferentes realidades que examinamos antes, e identificar as grandes ondas, ondas em "estado bruto"(*coorse waves*), com o limite inferior do espectro de realidades, como indicamos na Figura 33 B.

O que se vê nessa figura corresponde à região que dispõe de pequena quantidade de consciência, bem como de resposta de baixa freqüência, ao passo que as ondulações muito sutis, de alta· freqüência, corresponderão ao nível mais alto, imediatamente abaixo do absoluto.

Vamos, agora, até o mais inferior dos níveis da matéria: um *quantum* de eletricidade, um único elétron. Perguntemos a um físico: "Esse elétron é feito com o quê?" "Bem", dirá ele, "é um pacote de onda, que tem uma certa freqüência de vibração, a qual determina a sua energia." Mas se lhe perguntarmos o que é que vibra nesse elétron, ou *quantum*, a resposta seria: "Ninguém sabe." No entanto, se usássemos a analogia do mar do absoluto, visualizaríamos o *quantum* como um pacote de ondulações na superfície desse mar. Veríamos esse *quantum* vibrar, relativamente às tranqüilas camadas do mar infinito da consciência pura. Podemos agora responder à pergunta: "O que é que vibra dentro do *quantum*?" É uma unidade de consciência pura.

120

Agora, temos de corrigir a afirmação precedente, na qual sugeri que a matéria "contém" consciência. Essa afirmação foi utilizada apenas como proposição de caráter provisório, para que você se acostumasse com a idéia de que a matéria tem algo a ver com a consciência. Agora, no entanto, já dei com a língua nos dentes: a matéria, feita de *quanta* de energia, é o componente vibrátil e mutável da consciência pura. Portanto, podemos dividir a criação em dois componentes: o absoluto e o relativo. O primeiro é fixo, eterno e invisível; o segundo é *visível*, manifesto e mutável. O componente relativo pode ser grosseiro ou sutil, pode ter vida curta ou longa; mas terá sempre por base o absoluto.

Aceitando esse princípio, resolvemos o problema da mente atuando sobre a matéria. A "solução" é que não há diferença básica entre ambas.

Até agora, tendíamos a associar de maneira muito mais cômoda a mente com a consciência, por ser a primeira abstrata e intangível. A matéria, por outro lado, é sólida, dura, quente ou fria e, segundo as aparências, difere muito da mente ou consciência.

Quando passamos a saber que a realidade é formada por dois componentes — um dos quais é uma linha de referência, ou pano de fundo, imutável, ao passo que o outro é um aspecto dinâmico e vibrátil da mesma coisa —, então, reconhecemos que mente e matéria são, ambas, feitas da mesma substância fundamental. A diferença entre elas vem do fato de que podemos considerar a matéria sólida como constituída de ondas, ou ondulações, maiores e mais lentas, de onde resulta que ela possui menos energia do absoluto; ao passo que a mente seria feita de ondulações muito mais sutis, daí se concluindo que ela possui em maior quantidade essa energia.

Uma boa analogia para isso seriam os diferentes estados em que a matéria é encontrada na Natureza. Poderíamos comparar a matéria sólida ao gelo; e a mente, ou consciência, ao vapor. Tudo seria a mesma substância sob diferentes formas. Ambas se manifestam somente porque se acham em mudança, e essa mudança pode ser medida relativamente ao referencial básico, o mar do absoluto, de onde emergem tanto as ondulações quanto o pano de fundo. Já não precisamos ficar admirados com as façanhas da mente sobre a matéria — não se trata da ação da mente "sobre" a matéria, mas sim da mente "sobre" um diferente aspecto de si mesma.

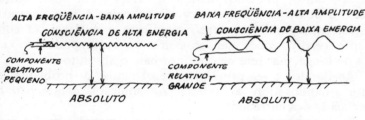

Fig. 33A   Fig. 33B

Poderíamos classificar as diferentes realidades pelo tamanho de seus componentes relativos. Na Figura 33B temos uma onda grande, em "estado bruto" e de baixa freqüência, indicando que se trata de uma realidade de tipo inferior. Ao passo que a Figura 33A mostra-nos um componente relativo muito sutil, isto é, de alta freqüência, representando uma realidade mais elevada, mais aprimorada — digamos, uma realidade espiritual.

Podemos dizer o mesmo acerca das pessoas. Todas elas são integradas por componentes relativos e absolutos, mas algumas são mais "relativas" que outras. Lembremo-nos de que somos todos feitos da substância do absoluto, independentemente de quão relativos sejamos.

Qual era a natureza da nossa realidade antes que tivesse início o movimento vibratório? É claro que o estado não-vibratório é a base deste último, que, ao surgir, transformou-se na nossa realidade física manifesta. A essa base não-vibratória podemos dar o nome de *proto-espaço absoluto*.

Correndo o risco de complicar um pouquinho as coisas, também podemos definir o absoluto como um relativo *infinitamente* sutil, isto é, tal que o tamanho das ondas é tão minúsculo e sua freqüência tão alta que essas ondas são *absolutamente* invisíveis. Nesse estado, temos uma superfície que parece calma e suave, mas que contém uma energia tremenda e é plena de *potencial criador*. Esta é a verdadeira definição do absoluto (até o ponto em que é possível defini-lo): É um potencial criador de alta energia mais inteligência.

A "inteligência" acrescenta uma *capacidade auto-organizadora* a qualquer entidade na criação. Portanto, as ondulações do "relativo" brotam numa superfície que parece lisa, mas que, na realidade, vibra com energia criadora potencial. Quanto menor for a amplitude das ondas, maior será

a energia contida na superfície. Quando as ondas se tornam tão pequenas que as cristas e os vales (que são os pontos de repouso) aproximam-se tanto que quase se sobrepõem, então é alcançado um estado de repouso, no qual o movimento é apenas movimento potencial, e a energia do sistema torna-se infinitamente grande.

Assim, o absoluto é um estado no qual *conceitos contrastantes se reconciliam* e se fundem. *Movimento e repouso fundem-se num só.*

Portanto, nossa realidade é vibratória, desde o nível subnuclear até os macroníveis, passando pelos níveis atômico e molecular. *Tudo está oscilando entre dois estados de repouso.* Tudo está produzindo "som".

No próximo capítulo, estudaremos mais detalhadamente como a consciência manifesta-se a si própria nas diferentes realidades, e como vemos isso do nosso ponto de observação na escala evolutiva.

Sumário

Descrevemos a evolução da matéria em termos de evolução da consciência. O impulso evolutivo dá-se em direção a sistemas cada vez mais complexos, o que implica níveis de consciência cada vez mais altos.

A matéria forma sistemas "vivos", a partir de um certo ponto ao longo do diagrama, que conecta quantidade e qualidade de consciência. As curvas de troca de energia fornecem-nos uma medida da nossa capacidade para interagir com nosso ambiente ou realidade.

Quanto mais larga for a faixa de nossas respostas de freqüência, maior será o número de realidades em que podemos funcionar.

Um esboço de diferentes níveis de consciência ou realidades inclui os que se encontram acima e abaixo da realidade humana.

No topo da hierarquia de realidades está o "absoluto", que é a base de todas elas. É uma energia potencial, inteligente, em sua forma não-manifesta. Quando ondulado, ou modulado, torna-se a base da nossa matéria física tangível, bem como da dos objetos individuais.

6. REALIDADES RELATIVAS

A realidade mineral

Vamos, de início, focalizar as realidades mais inferiores em nosso diagrama (Fig. 30), e subir, gradualmente, na direção do absoluto.

Tente visualizar a si mesmo como uma rocha. É claro que isso é difícil, mas, se nos mantivermos firmes o bastante para penetrar na realidade da rocha, poderemos descobrir a presença de uma pálida percepção de certas qualidades, digamos, quente e frio, claro e escuro. Poderia haver alguma comunicação com outras rochas, limitando-a, possivelmente, a um vago reconhecimento da presença de alguma coisa a mais. É claro que, sob essas condições, a "vida social" seria muito restrita. O aspecto importante, nessa situação, é a não existência de crescimento, mas, apenas, de desgaste.

A curva de troca de energia prolonga-se para dentro da realidade vegetal, e nunca desce até zero. Isto é, não toca a linha vertical, significando isso que há, sempre, alguma troca energética com outros níveis.

A realidade vegetal

Quando comparamos a realidade da planta com a realidade mineral, a primeira coisa que notamos é a presença, na primeira, de crescimento e reprodução. Há, na planta, aquilo a que chamamos "vida". Nela, é maior a quantidade de consciência, e é também mais alta a resposta a estímulos. Ela é, naturalmente, capaz de se adaptar a novas condições, lutar pela sobrevivência, ter aguda percepção da claridade e da escuridão. Desenvolve uma animada "vida social", e até mesmo uma vida sexual — discretamente veiculada, é claro, por intermédio de um terceiro, um cúmplice.

A maioria de nós já ouviu falar de experimentos demonstrando que as plantas respondem a emoções humanas — ameaças, amor, etc. (*The Secret Life of Plants*,[1] de Peter Tompkins e Christopher Bird, é a melhor fonte de informações sobre esse assunto.) A realidade vegetal representa um grande salto em confronto com o nível mineral, embora ainda seja uma realidade relativamente estática, pois a aptidão que as plantas têm para o movimento limita-se ao crescimento. Observe que a curva de troca de energia das plantas estende-se para dentro, e até para além do espectro de freqüências básicas da realidade humana.

A realidade animal

Verifica-se, aqui, um leque de emoções mais amplo. Há liberdade de movimento nas três dimensões. Há comunicação entre espécies e entre indivíduos de cada espécie. Os animais domésticos podem comunicar-se com os seres humanos. Há uma consciência grupal, sob a forma de instinto de horda. Alguns animais são inventivos, e manipulam instrumentos de maneira altamente inteligente, sem mencionarmos os golfinhos, que — a julgar pela complexidade e pelo tamanho de seus cérebros — poderiam rivalizar com os seres humanos, em matéria de inteligência.

Quando olhamos para o diagrama da Figura 30, vemos que a curva de troca de energia correspondente à realidade animal prolonga-se para cima do nível humano, bem como

1. Nova York: Harper and Row, 1973; Londres: Allen Lane, 1974.

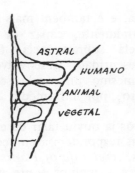

para baixo, penetrando na realidade vegetal, o que indica a possibilidade de comunicação dos animais com o homem e com as plantas. Repare que a curva de troca de energia nunca desce até zero. Os seres pertencentes a uma dessas realidades conseguem perceber, num grau, pelo menos, mínimo e constante, os outros seres pertencentes às outras realidades. Isso é assim porque o elemento comum, unificador de toda a criação, é a consciência, ponte por meio da qual tudo se acha em contato permanente, conforme veremos adiante.

A realidade humana

Todos nós conhecemos o nível humano de realidade, mas, provavelmente, a maioria de nós desconhece que é possível ensinar a consciência humana a expandir-se, e que ela pode aprender a interagir com todo o espectro de realidades, que descrevemos no nosso diagrama. É esse o verdadeiro significado do termo "expansão da consciência". Ele nos diz que o nosso sistema nervoso cérebro-espinhal pode ser desenvolvido a tal ponto que se torna possível para nós sintonizar qualquer uma dessas realidades — desde a mineral, a mais baixa, até os supremos níveis espirituais. Desse modo, a expressão "desenvolvimento do sistema nervoso", conforme é utilizada no contexto deste livro, é sinônimo de "expansão da consciência".

Muitas coisas foram ditas a respeito dos efeitos das drogas quanto à expansão da consciência. Elas, porém, não a expandem; antes, alteram-na e tendem a afunilá-la rumo a níveis específicos, situados acima ou abaixo da realidade humana, conforme o nosso diagrama. A expressão *bad trips* (viagens ruins) sugere que, nesses estados, a consciência é projetada numa realidade abaixo da nossa, que, por sua própria natureza, é experimentada como domínio de pesadelo.

Algumas vezes, a consciência é projetada em realidades superiores à nossa. Diz-se, então, que se trata de uma "viagem boa". No entanto, todas essas experiências são, necessariamente, distorcidas, pois as drogas impedem o funcionamento normal do cérebro. Além disso, é pequeno o controle que se pode exercer sobre os eventos, ou sobre os níveis em que, por acaso, se ingresse. A única coisa positiva acerca dessas drogas é que elas, realmente, evidenciam o fato de que vemos nossa realidade através de uma janela muito estreita, e que existe muito mais do que isso. Por outro lado, o uso prolongado de drogas acaba destruindo a capacidade natural do sistema nervoso para desenvolver-se em direção aos níveis mais altos do nosso diagrama. Esse prejuízo resulta da instabilidade que o uso prolongado de drogas impõe ao sistema nervoso.[2]

A mente, para interagir num certo nível de consciência, ou realidade, precisa estar muito firme e tranqüila, muito clara.

---

2. Creio que isso aconteça na maioria dos casos.

A essa altura, já não lhe causará surpresa o emprego dos termos "realidades" e "níveis de consciência" como conceitos intercambiáveis. Na medida em que, ao longo deste capítulo, nos aprofundarmos no tema, esperamos demonstrar que as realidades são estados de consciência. Faremos isso utilizando exemplos extraídos da bem conhecida literatura sobre o assunto.

Nos últimos anos, vieram à luz vários livros excelentes, dedicados exatamente a esse tema, e escritos por vários autores, dentre os quais Carlos Castañeda.[3] *

Lendo-se esses livros, tem-se uma boa idéia do que queremos dizer com "comunicação através de diferentes realidades". Os animais e as plantas, ou os deuses vegetais, comunicam-se com os seres humanos. Os espíritos da água, das rochas, etc. são todos muito ativos, e começamos a compreender o nível de consciência em que se processa toda essa atividade. Fica suficientemente claro que o feiticeiro opera, de modo preponderante, nas realidades vegetal e animal. A sensação geral de estar constantemente em perigo permeia os livros de Carlos Castañeda: "Se você fizer isso, sobreviverá; se fizer aquilo, será morto." A condição de "guerreiro" implica matar ou ser morto. Essa é a realidade animal, com o instinto de sobrevivência em ação. Os seres desse domínio de realidade não conhecem os domínios mais altos. Por isso, as palavras "amor" e "Deus" não são mencionadas nenhuma vez nos três primeiros livros de Castañeda. Esse conhecimento só desponta mais acima na escala evolutiva. Todavia, no seu *Tales of Power*, descobrimos que os mes-

---

3. *The Teachings of Don Juan*, Nova York: Ballantine Books, 1969; Harmondsworth: Penguin, 1970. *A Separate Reality*, Nova York, Simon & Schuster, 1971; Londres: Bodley Head, 1971. *Journey to Ixtlan*, Nova York: Simon & Schuster, 1972; Londres: Bodley Head, 1973.

* Do mesmo autor, Carlos Castañeda, foram posteriormente publicados: *The Second Ring of Power* (O Segundo Círculo do Poder), 1977; *Tales of Power*, 1974; *The Eagle's Gift*, 1981; *The Fire From Within*, 1984; *The Power of Silence*, 1987. (*N.T.*)

tres feiticeiros Don Juan e Don Genaro têm conhecimento de realidades mais altas, penetrando no plano causal e, provavelmente, ultrapassando-o. Eles conseguem "cindir" Castañeda, e demonstrar-lhe a existência de seus dois componentes: de um lado, a personalidade racional, material; de outro, a consciência pura. O amor, em Don Genaro, aparece sob a forma de amor à terra, à massa de matéria mineral que possui uma enorme soma de consciência. Esse grande ser retribui-lhe o amor, concedendo-lhe poderes insólitos.

Talvez seja oportuno explicar agora as estranhas entidades que mencionamos mais acima — o deus ou espírito vegetal e os espíritos das rochas, da água, etc. — que aparecem nos livros de Castañeda e no folclore de muitos povos.

Estamos, agora, armados com o conhecimento do absoluto e sabemos que a matéria representa consciência, numa certa quantidade e de uma certa qualidade. No entanto, aqueles que ainda sentem dificuldade em assimilar esse conceito podem reter a idéia de que a matéria "contém" um determinado montante de consciência.

Dualidade onda-partícula

Examinaremos, agora, o possível mecanismo por trás desses fenômenos. O princípio da dualidade onda-partícula vigora não apenas na limitada área dos fótons, dos elétrons e das partículas nucleares, mas, também, nos agregados maiores de matéria.

Com base nessa dualidade, entendemos, por exemplo, que a luz pode ser representada como um campo de radiação, mas, quando nossos olhos ou instrumentos interagem com esse campo, eles captam essa radiação sob a forma de pequenos projéteis, ou fótons — as partículas de luz. Temos, assim, um campo de radiação eletromagnética contínua, que possui um caráter ondulatório, mas que não é detectado nem por nossos olhos nem por meio de instrumentos. Somente quando atinge nossa retina ele se torna manifesto para nós; mas, ao fazê-lo, comporta-se como partículas isoladas, conhecidas pelo nome de "fótons".

Pode valer a pena ponderar sobre isso. Parece bastante semelhante à nossa discussão sobre como o relativo, ou manifesto, brota do absoluto. O absoluto é análogo ao campo de radiação, "liso" e uniforme, mas para manifestar-se, tornando-se visível, tem de criar ondulações na sua superfície, precisa tornar-se quantizado, ou granuloso, o que torna visível a sua superfície.

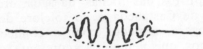

No nosso exemplo da luz, o campo de radiação manifestou-se sob a forma de partículas (fótons) somente quando interagiu com nossa retina. Ocorreu um processo de *individuação* ou *continuum*, o que possibilitou aos nossos sentidos interagir com a luz. Propomos que esse processo de individuação, ou dualidade onda-partícula, seja igualmente aplicável, conforme mencionamos antes, a uma escala muito maior na Natureza.

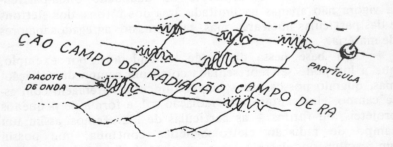

132

Construção e manutenção de um espírito da natureza

Vamos agora imaginar esse princípio em ação e ver se conseguimos explicar o que seja um espírito da Natureza, ou, melhor ainda, se conseguimos planejar e construir um deles, ou mesmo um deus inferior dos elementos.

Tomemos um vale bem suave, e suponhamos que dele se eleve uma grande formação rochosa. Temos, assim, um indivíduo definidamente separado desse vale, conquanto o vejamos apenas em razão do seu contraste com o vale.

Estamos cientes de que a matéria é consciência (ou, caso prefira, que ela *contém* consciência). Se houver uma quantidade suficiente (uma massa crítica) dessa consciência, desenvolver-se-á nela uma pálida autoconsciência ou ego. Essa pálida autoconsciência pode ser fortalecida, no decurso de milhões de anos, desenvolvendo uma identidade mais definida, graças, possivelmente, à interação com outras criaturas. Se um animal encontrar um esconderijo nessa formação rochosa, ele experimentará gratidão pelo abrigo que ela lhe ofereceu, e a rocha sentirá a presença dessa gratidão. Se um pássaro chegar, e ali construir um ninho, onde porá seus ovos, o ego da formação rochosa receberá um estímulo. A vida e a consciência da ave, que são superiores às da rocha, imprimirão à consciência desta um impulso ascensional. Mais cedo ou mais tarde, a consciência da rocha desdobrar-se-á num "espírito da rocha". A essa altura, terá aprendido que, se oferece proteção àquelas criaturas, elas respondem com sentimentos de gratidão. E, assim, aos poucos, esse "espírito da rocha" começa a entender que sua ocupação é a de protegê-las.

Logo ele se tornará bastante experiente nisso e passará a atrair mais criaturas. Resumindo, ele está em atividade. Manter-se em estreito contato com seres vivos é algo que irá, por assim dizer, acelerar sua evolução e ampliar sua faixa de respostas. Embora suas respostas de freqüência sejam relativamente baixas, correspondendo às do nível mineral de consciência, ele ocupará posição bem no alto da faixa que delimita a realidade mineral. O espírito da rocha tangenciará

a fronteira da consciência vegetal, e sua curva de troca de energia alcançará a região astral. Quando, finalmente, um ser humano sensitivo com relação à Natureza se aproximar dessa rocha, sentirá que existe nela algo de especial, como se ela lhe despertasse algum sentimento particular, de proteção ou de repulsa.

Que isso fique entre nós — um espírito como esse ainda é muito tolo e pouco evoluído, de modo que poderá querer exibir ao homem seu valor, saindo-se com algum truque bobo. O homem ficará profundamente impressionado se perceber esse truque.

Outras pessoas, que ouviram falar sobre o que acontece ao redor da rocha, irão aproximar-se, e também poderão testemunhar as ocorrências. Em pouco tempo estará criado um culto. Isso fornece um imenso estímulo ao espírito da rocha, pois os pensamentos das pessoas que se concentram nele somam-se ao seu poder.

Por um instante, vamos examinar os efeitos dos pensamentos sobre coisas e pessoas. Um pensamento é energia. Ele faz com que os neurônios do cérebro sejam estimulados de acordo com um certo padrão. Isso — evidentemente — gera correntes muito fracas, que percorrem trajetórias definidas no córtex cerebral, podendo ser detectadas por instrumentos sensíveis, que se utilizam de eletrodos dispostos sobre o crânio. Em outras palavras, um pensamento que começa sob a forma de uma excitação minúscula finalmente alcança pleno desenvolvimento, gerando — em alguma região do córtex — um potencial de, pelo menos, 70 milivolts. Ele faz com que o primeiro neurônio dispare, o que, por sua vez, induz a entrada em ação de outros, numa certa seqüência. Contudo, nenhuma energia se perde neste universo. Se conseguimos registrar, fora da cabeça, a corrente gerada pelo pensamento, isso significa que sua energia foi transmitida sob a forma de ondas eletromagnéticas que, propagando-se à velocidade da luz, atravessam o meio ambiente e, por fim, ganham o cosmos.

Isso é coisa séria, especialmente tendo em vista que a energia do pensamento pode ser focalizada. Enquanto permanecemos sentados, produzindo pensamentos ociosos, a energia do pensamento é difusa, e se espalha, enfraquece e, afinal, desaparece. No entanto, quando, conscientemente, nos concentramos e emitimos pensamentos em condição de coerência, a energia do pensamento — ou forma do pensamento — pode chegar até a pessoa a quem tais pensamentos se destinam. Trataremos disso mais adiante, com maiores detalhes.

Retornemos, agora, ao nosso "espírito da rocha".

Dissemos que, quando as pessoas se concentram nele, isso aumenta, em muito, sua habilidade para fazer coisas, devido ao estímulo advindo do nível energético produzido pelo sistema nervoso humano. Esse espírito entra em relações de amizade com a realeza.

De agora em diante, a coisa vira uma bola de neve. Ele será capaz de maquinar façanhas mais impressionantes, causadoras de grande impacto sobre indivíduos primitivos, que eventualmente lhe trarão oferendas para captar seus bons favores. Ou, então, caso pressintam que está zangado com os acontecimentos de sua jurisdição, oferecerão a ele sacrifícios para aplacar sua ira. Pense nos sacrifícios de lhamas, oferecidos anualmente, pelos mineiros que trabalham nas minas de cobre do Peru, ao espírito da mina, tudo com grande pompa cerimonial. Segundo eles, esse espírito — que é a consciência individualizada de um veio de cobre — será acalmado por esse sacrifício, deixando de provocar acidentes e abstendo-se de causar mal aos trabalhadores, que, com efeito, cavam-lhe o corpo, diminuindo-o.

Finalmente, o "espírito da rocha", surgido numa massa material como vaga e pálida autoconsciência, torna-se um poderoso espírito, um deus tribal.

Agora que tivemos êxito em seguir a evolução desse espírito, podemos chegar a uma compreensão um pouco melhor do significado de Mescalito, o espírito do peiote, descrito por Carlos Castañeda em *The Teachings of Don Juan*.

136

Trata-se nesse caso de uma entidade mais evoluída, representando a soma total de consciência de todos os peiotes que crescem numa certa área, ou seja, sua consciência grupal. Peiotes são plantas possuidoras de um nível de consciência relativamente alto; certamente mais alto que o de uma rocha. Mescalito é, portanto, mais inteligente e capaz de maior variedade de respostas que o espírito da rocha. Ele está em constante contato com os seres humanos, que o consideram um "aliado", servindo-lhe oferendas e prestando-lhe cuidados, ao que Mescalito responde desempenhando nos seus próprios termos seu papel de "aliado".

No princípio, Mescalito não passava de simples carga de energia no espaço, uma nuvem de baixa consciência. À medida que ganhava mais energia, sua forma adquiria contornos mais bem definidos, algo de início meio espectral. Com o passar do tempo, quando consciências humanas interagiram com ele, entrou em ressonância com os pensamentos humanos, formando um corpo que correspondia às expectativas deles, e que podia se tornar visível a sensitivos clarividentes.

Mais fatos acerca da individuação

Num certo sentido, todos esses deuses menores ou espíritos da Natureza contam com a energia obtida de outros seres para conservar o poder. Exatamente como ocorre com os políticos, seu poder e influência dependem das proporções e da força de sua clientela. Eventualmente, eles desaparecem de cena, à medida que essa clientela escasseia, como sucedeu com os deuses dos povos antigos, por exemplo, Baal, Moloch, os deuses gregos e romanos, etc. Deles resta apenas algum valor nominal, o bastante para lhes proporcionar um carnê de aposentadoria por velhice.

Agora que nos tornamos peritos em analisar e sintetizar deuses, podemos fazer uma rápida tentativa para ver se conseguimos engendrar um deus jeitoso, capaz de operar sobre as condições meteorológicas locais.

Uma massa atmosférica é/possui consciência. Há um grande padrão meteorológico de ventos que operam em escala global, como por exemplo os ventos alíseos. Essa massa de ar seria representada por uma entidade muito volumosa e substancial, cujo nível de consciência corresponderia ao nível mineral. Esse grande sistema, por sua vez, delegaria a entidades menores, *nele contidas*, responsabilidade pelo tempo local, porque elas conhecem as necessidades da região. Essas entidades farão o melhor que puderem para manter felizes todos os que se acham submetidos às condições dadas.

Um tornado é uma típica individuação de alta energia de uma massa de ar. Um furacão é outro tipo de individuação.

Lembre-se de que, antes de começar a analisar deuses de uma maneira bem terra-a-terra, falávamos sobre a dualidade onda-partícula ou individuação. Temos, num tornado ou num espírito da Natureza, uma boa demonstração do que é essa individuação. O princípio permanece verdadeiro ao longo de todos os níveis da Natureza, até o absoluto, razão pela qual nos é possível dizer que ela é modular. A maior das entidades — o universo — contém outras, menores, que por sua vez contêm outras, menores ainda, e essas contêm igualmente outras, ainda menores — e assim por diante, *ad infinitum*. O termo "modular" significa que uma unidade será, sempre, dividida em unidades menores, porém inteiras.

A lacuna das comunicações

Será que, ao ler tudo isso, você experimenta a sensação de que se encontra numa ilha, cercado de um bocado de atividade, mas, de algum modo, permanecendo às cegas porque não consegue ver parcela alguma dessa atividade? Bem, essa é — infelizmente — a verdade sobre nós, seres humanos.

Vimos como a consciência mineral pode se prolongar até a chamada realidade astral, acima do nível que caracteriza o nosso estado normal de consciência, ou de vigília. A Figura 30 é, reconhecemos, uma tentativa muito simplificada para expressar bidimensionalmente aspectos multidimensionais da consciência. Nem tudo é tão suave e contínuo quanto mostra o diagrama. Todavia, é um bom esquema preliminar, que nos permite enquadrar essas coisas complexas em algum tipo de ordem.

Vamos dar uma olhada no nível de consciência ou realidade situado acima do nosso estado de vigília. Pode ser de interesse notar que, com muita freqüência, nós, seres humanos, entramos no nível que nos é imediatamente superior, o chamado "nível astral". Com efeito, todas as noites, durante nossos episódios oníricos, aparecemos por lá, especialmente no decurso dos períodos REM,[4] de sono ativo, que ocorrem cerca de cinco vezes por noite.

Ao longo desses períodos, estamos engajados em atividades freqüentemente carregadas de emoção. (É comum constatarmos que durante os sonhos REM nos encontramos com pessoas e animais; isso significa que eles, de fato, entram nesse nível de consciência, conforme mostra a curva de troca de energia. Eles atuam como suportes onde nossas situações

---

4. O sono *REM (Rapid Eye Movement)*, isto é, sono acompanhado de movimento rápido dos olhos, caracteriza-se, ao mesmo tempo, pela total lassidão do corpo. Os olhos parecem estar acompanhando alguma atividade intensa. Esses períodos repetem-se a cada intervalo de 90 a 100 minutos, e duram cerca de cinco a sete minutos.

oníricas encontram apoio, ou então participam ativamente dessas situações.) O que é típico desse nível de consciência é o fato de que o nosso ego mental-racional parece encontrar-se ausente. Sentimo-nos bastante satisfeitos por lidarmos com situações que não seríamos capazes de tolerar em nosso estado de vigília.

Suponha que estamos sonhando com um cavalo verde que, sentado dentro de uma cabine telefônica, fala ao telefone. É provável que, no transcurso do nosso sonho, isso não nos causasse a menor perturbação. Não reagiríamos racionalmente, dizendo: "Não, isso é impossível." Pelo contrário, acharíamos que estaria tudo bem com o cavalo, que de modo algum ele representava uma ameaça para nós, que também era um belo cavalo, e que não havia nada de errado no fato de um cavalo estar telefonando. Em resumo, reagiríamos emocionalmente a essa situação; não tentaríamos raciocinar e nem imaginar como foi que ele conseguiu inserir a ficha telefônica no lugar adequado.

As realidades astrais

Observe que todas as realidades inferiores antes mencionadas aparecem no nível astral. O astral é uma vasta realidade, que serve de ponte entre todas as realidades "físicas" — mineral, vegetal, animal e humana, com ou sem corpos físicos. Durante nosso estado de vigília, não funcionamos normalmente por lá, mas existem boas descrições, feitas por gente que consegue, à vontade, entrar no astral. Essas pessoas ensinaram a si mesmas a funcionar razoavelmente bem por lá.

Falamos sobre os livros de Castañeda, nos quais ele menciona o "sonhar" consigo mesmo num outro eu, que age independentemente do sonhador.

O livro *Journeys Out of The Body (op. cit.)*, de Robert A. Monroe, trata exclusivamente da chamada "viagem astral". Percebemos aqui, mais uma vez, que o funcionamento no nível astral é dominado pela emoção.

Por que será que a Natureza nos faz operar no plano astral durante o sono?

Sabemos que a seta da evolução aponta do nível físico para o astral. De acordo com nosso diagrama, toda a matéria está em movimento, sob a pressão evolutiva, através desses níveis. O que a Natureza faz conosco durante o sono é, simplesmente, oferecer-nos uma "visão antecipada do que virá", exatamente como num cinema. Desse modo, e gradualmente, ela nos familiariza com o funcionamento do nosso próximo nível de atividade, a fim de evitar-nos o choque advindo de um ajustamento súbito, quando — com a chamada "morte" — finalmente chegarmos lá, para uma permanência mais longa.

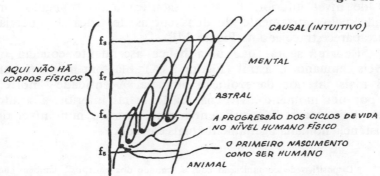

Olhe, agora, para a Figura 34A. Ela mostra um detalhe ampliado da Figura 30, e ilustra especificamente esse as-

141

sunto. Trata-se de um diagrama muito simplificado, que não leva em conta os seres que se movem, ao longo da trajetória evolutiva, muito mais depressa do que a média, isto é, aqueles que se ligam a práticas espirituais. Esse diagrama mostra que um indivíduo do tipo médio abre-se, presentemente, em pelo menos três níveis de consciência, o físico, o astral e o mental. Cada giro descrito pela hélice representa muitos ciclos "vida-morte".

Tomemos como exemplo a vida de uma pessoa nascida na porção inferior da realidade humana física. O termo "inferior" não significa *status* econômico inferior, mas, antes, um sistema nervoso pouco desenvolvido em termos de evolução da consciência e de habilidade para interagir com os níveis mais elevados. Em outras palavras, um ser humano sob o puro domínio da matéria, isto é, puramente materialista.

Quando tal pessoa morre, ela também aparece no plano astral, no nível inferior correspondente, que é o "umbral" da região astral, cuja resposta de freqüência é a mais próxima da região física. Portanto, sua interação com este último processa-se com facilidade. Fenômenos psíquicos, tais como *poltergeists*, "assombrações", personalidades que se manifestam por meio do *ouija*,* espíritos responsáveis por possessões, etc., pertencem todos a essa categoria geral de nível inferior. É esse o significado do triângulo formado pelo cruzamento de duas curvas de troca de energia, que aparece tracejado na Figura 34B.

Repare, agora, que uma hélice ascendente conecta os níveis humano e astral (Figura 34A). Ela tem início no nível mais inferior da evolução humana. A entidade "morre" e, por um momento, vive na região astral inferior; a seguir, caso haja progredido suficientemente, renasce num nível de existência humana ligeiramente mais elevado.

---

* Dispositivo de comunicação com o "mundo dos espíritos", também chamado prancheta, consistindo numa mesa sobre a qual se dispõe circularmente o alfabeto e onde as letras são assinaladas graças a um copo emborcado ou objeto similar. (*N. T.*)

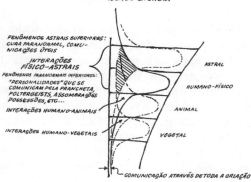

Fig. 34B

Como você deve ter notado, o que estou sugerindo aqui é que os "mortos" não se acham tão mortos quanto a maioria de nós gosta de pensar. É provável que, a essa altura, muita gente esteja levantando as sobrancelhas porque tocamos num tema delicado e controvertido: o da reencarnação. Não que, até agora, tenhamos discutido apenas temas bem-comportados, tranqüilos. Acontece que esses temas foram apresentados como questões especulativas. Em outras palavras, nós os discutimos no nível mental. O tema "reencarnação", ao contrário, provoca um impacto emocional em muita gente.

Sugerimos aos leitores interessados num enfoque mais objetivo desse tema a leitura de um opúsculo, de autoria de Karlis Osis, intitulado *Deathbed Observations by Physicians and Nurses*,[5] e dos livros escritos por Ian Stevenson (*20 Suggestions of Reincarnation*)[6] e Raymond A. Moody Jr. (*Life After Life*).[7] Enquanto isso, continuaremos com nossa hélice ascendente.

A cada um de seus giros, a unidade de consciência humana renascerá num nível mais alto. Pelo menos, é o que

---

5. Parapsychology Foundation, Inc., 29 West Fifty-seventy St., Nova York, NY. 10019.

6. Charlottesville, Va.: University of Virginia Press, 1974.

7. Nova York: Bantam Books, 1976.

esperamos. Quando houver completado todo o aprendizado possível no nível evolutivo físico, deslocar-se-á para a região astral, não mais retornando à existência física. Isto é, não mais necessitará de um corpo físico, mas prosseguirá vivendo nas realidades astrais, que serão tão reais e sólidas para ele quanto o nosso nível físico o é para nós. O porquê disso reside, evidentemente, no fato de que a troca de energia com o ambiente é máxima, naquele domínio de realidade.

Um belo aspecto da realidade astral é a capacidade que se tem para manipular o tempo, que se torna maleável e subjetivo. As realidades astrais residem na região entre nosso universo, de natureza temporalmente afim, e o universo espacialmente afim, descrito no Capítulo 4.

Sugerimos aos leitores que ainda tenham problemas para digerir as afirmações acima que o verifiquem por si mesmos, elevando seu nível de consciência até um ponto em que serão capazes de funcionar nos níveis astrais. Isso é relativamente fácil de se fazer, embora exija tempo. Há muitas técnicas de meditação que irão levá-los até lá. Entretanto, deve-se ter muito cuidado para não ir desprotegido ao plano astral. Conforme dissemos antes, a camada fronteiriça entre este e o plano físico é habitada por criaturas do tipo mais baixo: criminosos, bêbados, etc. O fato de não se ter corpo físico, ou de se estar morto, não muda a personalidade nem a inteligência de alguém. Essas criaturas atacarão o turista que não se mantenha vigilante; por isso, faz-se necessária a proteção de um professor experiente, antes de se proceder a incursões no desconhecido. Caminhar desprotegido nessas regiões equivale a entrar, vendado, num bairro "quente" de uma grande metrópole. Já nos primeiros minutos da experiência você poderia ser surrado, golpeado e roubado.

A realidade mental

Uma vez que a unidade humana de consciência elaborou e exauriu seus problemas emocionais, a evolução a impulsiona para os níveis mentais de consciência. É provável que você tenha observado (Figura 34A) que, quando alguém "morre" no astral, sua respectiva hélice leva-o para a realidade mental. Há um bocado de troca de energia entre os dois níveis, que não são exclusivos, e entidades do nível astral superior podem excursionar pelas regiões do plano mental. Trata-se, mais uma vez, de uma realidade sólida para os seus habitantes. A grande diferença entre as realidades física e não-física reside na capacidade de se criar instantaneamente seu próprio meio ambiente, por meio do poder do pensamento ou da vontade. Na verdade, isso também está ocorrendo no plano físico, mas, neste caso, trata-se de um processo muito mais demorado, sendo necessários muito mais pensamento e trabalho antes que possa ocorrer uma mudança em nosso meio ambiente.

Uma boa descrição, em nível popular, das realidades mentais e da nossa realidade, conforme é vista a partir das primeiras, é encontrada em dois livros escritos por Jane Roberts: *Seth Speaks* e *Nature of Personal Reality*.[8] Nessas realidades superiores, a unidade humana terá superado sua tendência para agir emocionalmente, herança que vem do nível animal. No nível mental, predominam o equilíbrio da mente e a procura de conhecimento prático e teórico. A única emoção permitida nesse nível é o amor.

A realidade causal (intuitiva)

Depois de centenas, ou talvez de milhares de ciclos de vida, poderemos entrar no nível causal. Enquanto, nos níveis mentais, a procura de conhecimento ocupava o primeiro lugar, no nível causal o conhecimento parece vir com facilidade. Eis por que ele também é chamado de "nível intuitivo". Aqui o conhecimento chega até nós por uma via não-linear. Antes, tínhamos de aprender um assunto juntan-

8. Englewood Cliffs, N. J.: Prentice-Hall, 1972 e 1974, respectivamente.

do pedaços de informação, um de cada vez; no plano causal, o conhecimento chega em grandes porções, que se imprimem na mente numa fração de segundo. Por vezes, chega sob uma simples forma diagramática, ou sob formas simbólicas. Após a impressão, a mente analisa as informações da maneira usual, se isso se fizer necessário, isto é, se houver necessidade de traduzir esse conhecimento para a sua forma humana normal, no nível físico. Os habitantes da região causal não precisam traduzir esse conhecimento na forma linear com que estamos familiarizados, e possuem total compreensão das informações contidas nesses símbolos condensados.

O processo criativo

Agora podemos entender os *insights* criativos de artistas, cientistas e inventores, que contam com essas porções de conhecimento intuitivo para realizar o progresso em seus campos de atividade. Sabe-se que tais *insights* ocorrem depois que a pessoa ficou saturada com conhecimentos pormenorizados acerca de todos os caminhos possíveis que poderiam levar à solução do problema que tenta resolver. Não obstante, tudo aquilo de que ele dispõe é de um acervo de pormenores amontoados, sem um padrão elegante e econômico que os conecte. Então, de súbito, num momento em que se encontra relaxado, quando ele menos espera, é como se o céu se abrisse por um segundo, e a solução para o problema aparece. Ela é recebida como um todo, inteira, com todos os detalhes dispostos em conjunto, visíveis e bem ajustados numa ordem cheia de elegância. Isso pode significar a culminância que surge coroando anos de busca, e que se imprime na mente como um todo sob o clarão intuitivo. A informação é impressa na mente e, depois, decodificada pelos procedimentos lineares usuais, enquanto a pessoa ainda se encontra num feliz estado de êxtase.

O que realmente aconteceu foi que, durante um período de descontração, enquanto a mente não se ocupava com nenhum problema particular — ou, até mesmo, enquanto se achava num estado de devaneio — ela se projetou, durante um lapso de tempo muito curto, nos níveis causais ou intuitivos, conforme vem descrito no Capítulo 4. No presente caso, a unidade de consciência viu a solução simplesmente porque as soluções para todos os problemas já se encontram presentes no universo espacialmente afim (conforme será explicado no capítulo sobre cosmologia). Em outras palavras, a solução foi recebida durante um estado alterado de consciência, no qual a mente entrou por um momento, por acaso. Nesse estado, o tempo subjetivo expandiu-se, de modo que houve tempo suficiente para que a solução fosse procurada e retida. Em resumo, a mente, por um instante, entrou em ressonância com aquele nível elevado, e foi capaz de absorver as informações disponíveis.

É claro que esse tipo de experiência provoca grande excitação em quem passa por ela. A pessoa sente que vivenciou algo de místico, ou fora do comum. E, com efeito, foi isso o que aconteceu. A sensação de que "o tempo chegou a parar" é muito comum nesses casos.

É esse o meio que a Natureza utiliza para se comunicar com suas criaturas prediletas, as pessoas criativas que se encontram em todos os caminhos da vida.

Os outros corpos

A essa altura, seria bom resumirmos o que até agora estivemos discutindo sobre os níveis de consciência.

Vimos como um feixe de consciência ou unidade de consciência humana se encontra em movimento, vagarosamente, sob a pressão evolutiva, em direção a uma complexidade superior, a um conhecimento mais amplo, a uma melhor compreensão da Natureza e a uma interação mais aprimorada com ela. Portanto, vai obtendo mais controle sobre o seu próprio meio ambiente, e mais felicidade. É o que mostra a curva de troca de energia.

No Capítulo 2, que trata das microrrealidades, vimos que o corpo físico é formado e estruturado por campos pulsantes de energia em interação. Aquilo a que chamamos "corpo físico" — carne, ossos e sangue — desaparece rapidamente, quando examinado sob grande ampliação. Logo, um corpo físico — ou qualquer pedaço de matéria — pode ser visto como um padrão de interferência de campos eletromagnéticos, que muda com a passagem do tempo. Contudo, na medida em que interagem com nosso ambiente físico — e independentemente do quão tênues possam, sob alta ampliação, revelar-se —, o fato é que nossos corpos físicos nos servem muito bem.

Vamos ver se conseguimos levar isso um pouco mais adiante.

Será que existem possibilidades de encontrarmos, ou de inventarmos, outros "corpos", que nos serviriam, igualmente bem, nas interações com as outras realidades superiores?

A resposta é "sim". Padrões de interação de ondas contêm, inevitavelmente, harmônicos superiores. Numa linguagem menos técnica, suponha que golpeamos uma das cordas de um piano de cauda, produzindo a nota dó central. A corda, então, vibrará na freqüência de 264 Hz. Suponha agora que a tampa do piano é levantada, de modo que possamos ver perfeitamente as cordas. Notaremos, de imediato, que a oitava corda (incluindo a correspondente ao dó central), contada no sentido crescente da escala, também está vibrando intensamente, em harmonia com a primeira. Essa oitava corda está uma oitava acima da primeira; isso significa que ela vibra com uma freqüência que é exatamente igual ao dobro da primeira, ou seja, 528 Hz. Descobrimos que outras cordas também estão vibrando, em ressonância. A corda correspondente a pouco mais de meia oitava acima do dó central, que produz a nota sol, estará vibrando a 396 Hz, não tão fortemente quanto a anterior. Outras cordas estarão vibrando ainda menos.

Podemos constatar que as cordas cujas freqüências vibratórias são múltiplos inteiros da freqüência da corda golpeada — por exemplo, 2 vezes, 3 vezes, etc. — ressoam melhor, ao passo que naquelas cuja razão é fracionária — digamos, 1 1/2 ou 11/3 da freqüência original — a troca de energia com a corda golpeada não é tão boa.

Voltemos aos nossos corpos em vibração.

Agora, reconhecemos que é razoável supor a existência de "corpos" constituídos pelos harmônicos superiores do nosso corpo físico. Podem não ser exatamente parecidos com este e podem estar fora do alcance de nossos instrumentos e sentidos normais. Podemos, também, tomar desses corpos harmônicos superiores e dividi-los em grupos arbitrários. Podemos dizer que aqueles que vibrarem nessa ou naquela faixa de freqüências serão chamados de "corpos astrais". Eles nos ajudarão a interagir com a realidade situada no âmbito do nível astral. A seguir, viriam os corpos contendo harmônicos mais altos, que nos facultariam a interação com o nível mental, etc. Desse modo, os harmônicos sucessivamente mais altos do nosso corpo físico possibilitarão a nós interagir com realidades cada vez mais aprimoradas. Esses corpos não interagem bem com a nossa matéria; normalmente, são invisíveis, devido à fraca interação entre eles e o corpo físico.

Resumindo, vimos que este último é um instrumento que nos permite interagir melhor com nosso ambiente físico, e que é interpenetrado por "corpos" ou campos dotados de taxas vibratórias mais elevadas. Esses corpos estendem-se para além dos limites do corpo físico, como nos mostra a Figura 35. É isso que os clarividentes percebem sob a forma de halos ovoidais coloridos, ou auras, envolvendo o corpo físico. Essas auras contêm um bocado de informações

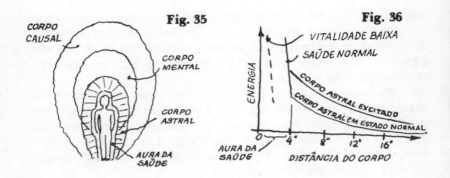

a nosso respeito, disponíveis para aqueles que conseguem ler adequadamente o significado das cores, do tamanho, da forma e do movimento desses corpos.

Dentre eles, o mais facilmente visível seria o corpo astral, devido à proximidade em que se acha do nível físico sua correspondente escala vibratória. Ele é visível a uma distância entre cerca de 45 cm a 61 cm do corpo físico.

Há um outro "corpo" que também devemos mencionar, e que é o chamado "aura da saúde". Trata-se, na verdade, de uma extensão do corpo físico, e é constituído por uma nuvem de partículas emitidas por este, tais como ínfimos cristais salinos, pequenos flocos de pele seca (queratina), moléculas de água, amoníaco, CO^2, etc. Admitimos que essa sopa de partículas fica excitada devido ao seu bombardeio por fótons de radiação ultravioleta, emitidos em pequena quantidade pela pele e oriundos, possivelmente, da radiação mitótica.[9] Resulta disso a presença, em torno do corpo, de uma sopa de partículas ionizadas, cujos limites, ao que parece, são bem-definidos em sua periferia. Esse campo é muito sensível às nossas condições de saúde; daí o seu nome: "aura da saúde".

Podemos, a esta altura, sem causar muita consternação, dizer que a Figura 19, no Capítulo 2, é na verdade uma

---

9. Radiação ultravioleta emitida durante a divisão celular.

representação dessa aura e do "corpo astral". Essa figura mostrava como o campo eletrostático produzido pelo corpo se altera com a distância medida a partir deste.

Você talvez se lembre do que dissemos no Capítulo 2 sobre o limite de cerca de 10 cm, medido na porção quase vertical da curva: ele é muito sensível às condições de vitalidade pessoal, ou seja, ao estado de saúde da pessoa. De igual modo, quando uma pessoa fica emocionalmente excitada, o segmento reto dessa curva aumenta em potencial, e sobe cerca de 30% acima do nível normal. Isso significa que o corpo emocional (astral) foi excitado até um nível mais alto de atividade (Fig. 36).

Você pode ter notado que nossos corpos superiores parecem corresponder ao potencial eletrostático que nos circunda. Mas não é nada disso. O campo eletrostático é apenas um pequeno componente desses corpos harmônicos mais altos, o qual, felizmente, nos é possível medir e identificar. Os demais componentes, nos quais reside a maior parte da energia desses corpos, terão de aguardar pelo desenvolvimento de novos e diferentes tipos de aparelhos.

Juntando tudo isso

Descrevemos um conjunto de corpos, feitos de harmônicos superiores do corpo físico, e que o interpenetram. Esse mecanismo nos permite interagir com diferentes níveis de consciência. Uns poucos exemplos podem tornar isso mais claro.

A função básica subjacente aos nossos corpos, físicos ou não, consiste em detectar sinais ou estímulos, processá-los e responder a eles. É isso que constrói nossas experiências cotidianas.

Imaginemos agora que somos um dispositivo semelhante a um rádio, que esteja captando simultaneamente quatro ou cinco estações diferentes. Uma delas eclipsa, de longe, as demais, em intensidade sonora. Entre as quatro outras também há diferenças de intensidade. Podemos comparar a estação cujo som é mais alto à realidade física. Qualquer emissão que venha por esse canal é ouvido com mais intensidade, ao passo que as outras "estações", assimiladas às realidades astral, mental, causal e espiritual, são progressivamente mais fracas. Desse modo, as pessoas cujos ouvidos não sejam muito sensíveis ouvirão somente a estação física, ao passo que as que tiverem uma audição mais apurada ouvirão uma parcela maior das emissoras mais fracas. É importante compreender que somos capazes de ouvir todas as estações simultaneamente. Nossa sensibilidade auditiva para as estações mais fracas aprimorar-se-ia consideravelmente se pudéssemos desligarmo-nos apenas da estação física, que é a de som mais alto. É isso que fazemos durante o sono, na meditação, ou dentro de câmaras de isolamento sensorial. Não é porque a estação física está no ar que não conseguimos receber as transmissões que as demais estejam, porventura, irradiando.

Considere, por exemplo, a súbita atração, ou aversão, que sentimos por alguém que estamos encontrando pela primeira vez. É através da nossa faixa emocional que percebemos isso. No caso de uma súbita atração, os corpos astrais — que se expandem para além do físico — ressoam, em harmonia; no caso da aversão, fortes dissonâncias devem ter sido geradas.

Chegamos, por fim, aos estímulos subliminares. Por exemplo, uma irritação constante com algo ou alguém, em qualquer um desses níveis, pode aparecer sob a forma de uma alteração no corpo físico, como doença psicossomática. A raiva reprimida, como poderosa emoção que é, pode provocar câncer em algumas pessoas; ansiedade e insegurança gerarão úlceras em outras; frustração no nível mental pode se infiltrar no nível físico sob a forma de depressão, etc.

A emissora mais fraca é a espiritual. É a vozinha que diz o que é certo e o que é errado, a voz do nosso eu superior, da nossa consciência.

Às vezes, encontramos pessoas com quem compartilhamos um modo de pensar, a tal ponto que — quando confrontados com uma situação — podemos predizer-lhes o raciocínio, passo a passo, e, como resultado, a maneira como irão reagir a tal situação. Neste caso, parecemos estar em ressonância mental, o que é bastante agradável.

O sentimento intuitivo de "certeza visceral" quanto ao sucesso ou fracasso de um projeto é detectado através da nossa faixa intuitiva. Quando vemos que dois ou mais artistas, cientistas ou inventores apresentam uma idéia idêntica quase ao mesmo tempo, podemos presumir que eles "puxaram uma extensão" do nível causal-intuitivo, onde aconteceu que a idéia estava esperando por eles. O que fizeram consistiu em entrar em ressonância com ela.

O cérebro

Já nos familiarizamos com uma profusão de corpos; mas nossos cérebros parecem ter-se perdido na multidão. Permita-me sugerir que o cérebro é um componente de *hardware*, um terminal de computador que normalmente processa os sinais de entrada que lhe são enviados pelos sentidos durante a vigília. Quando esses sinais não são processados — como ocorre durante o sono profundo —, esse componente de *hardware* encontra-se em completo repouso, não gerando quaisquer imagens. Contudo, tão logo, durante os ciclos oníricos, nossa consciência se focaliza no astral, as informações provindas dessa realidade fluirão, e as imagens mentais que correspondem à atividade produzida no cérebro serão acompanhadas por movimentos dos olhos e, às vezes, por movimentos dos membros.

Um experimento com o cérebro

Será útil agora introduzirmos um pequeno experimento com nosso cérebro.

Sentemo-nos numa posição confortável, num lugar tranqüilo, e tentemos, por algum tempo, deter o processo do pensamento. É possível que você considere isso uma tarefa bem difícil. Com a finalidade de torná-la um pouco mais fácil, sugiro que você imagine seus órgãos dos sentidos voltados para dentro da sua cabeça, isto é, seus olhos deverão estar olhando para o interior da sua cabeça, seus ouvidos escutando o que se passa dentro dela, e todos os seus órgãos dos sentidos focalizados no centro da cabeça. Procure manter a mente vazia. Ainda assim, descobrirá que, mesmo sem o perceber, esteve pensando. Tente ver se consegue seguir um pensamento, rastreando-o de volta até sua origem. É possível que você se dê conta do seguinte: aquilo que posteriormente se transformou num pensamento plenamente desabrochado teve início como um impulso minúsculo, que cresceu cada vez mais, até que, finalmente, tornou-se um pensamento reconhecível. Isso sugere que nós pensamos num nível em que o pensamento ainda não se encontra formulado.

Para aqueles que, colhendo o resultado de longos anos de prática da meditação, conseguem aquietar suas mentes, um pensamento é uma coisa muito grande e grosseira. Assemelha-se a um caminhão, retumbando na cabeça e perturbando o delicadíssimo equilíbrio alcançado pelo balanceamento da mente, num estado livre de pensamentos. Sugiro, em vista disso, que nosso cérebro não é a *fonte* do pensamento, mas um *amplificador de pensamentos*.

Como vimos, o cérebro toma de um impulso insignificante, e o amplia para nós. É somente então que ele se converte num pensamento. Tudo leva a crer que o pensamento não tem origem dentro do cérebro; o que este faz é captar os minúsculos impulsos nele implantados pelos nossos corpos astral, mental ou causal. Uma vez que estes se acoplam muito fracamente com o cérebro físico, só podem, de início, induzir nele um sinal igualmente muito fraco. A função do cérebro é a de amplificar esse sinal para nós, sob uma forma que nos seja útil.

Sumário

A Natureza ou, no sentido mais amplo da palavra, a criação, constitui-se num espectro contínuo de realidades.

A presente espécie humana funciona, a maior parte do tempo, naquilo a que chamamos de realidade física; mas, até certo ponto, também operamos em quatro ou cinco de nossas realidades vizinhas.

Podemos nos treinar para interagir nessas outras realidades, valendo-nos de certas técnicas disponíveis.

Tais interações, para serem bem-sucedidas, dependem de até que ponto desenvolvemos nossos veículos ou corpos, que se encontram ajustados para responder ao leque de freqüências de cada realidade.

Esses corpos são análogos aos harmônicos superiores de nossos corpos físicos, e contêm todas as informações acumuladas ao longo de muitas vidas.

Esses corpos superiores estão centralizados, durante a maior parte do tempo, no corpo físico, mas também podem mover-se e funcionar independentemente dele.

Com a transição chamada morte, os corpos superiores que constituem nossas assim chamadas "personalidades" deixam o corpo físico e continuam sua existência nos níveis acima do físico, que, para a unidade de consciência, são realidades tão legítimas quanto, anteriormente, o fora a realidade física. Essa unidade de consciência ainda pode interagir, fracamente, com esta última.

Pensamentos e desejos não se originam no cérebro. São gerados pelos respectivos corpos ou campos, que agem sobre o cérebro para produzir minúsculos impulsos, que ele amplifica, transformando em pensamentos. O "pensamento" existe até mesmo abaixo do limiar onde um pensamento é reconhecível como tal.

155

7. A PARÁBOLA DA BICICLETA

Para muitos dos leitores, pode ser realmente difícil aceitar o que foi dito até agora. Gostaria de lembrá-los de que os avanços significativos na ciência, na arte e na tecnologia não ocorrem amontoando, até a enésima potência, cálculos e conhecimentos sobre as coisas, mas sim através de saltos intuitivos ou *insights*, que posteriormente são racionalizados.

Como foi mencionado antes, a intuição é a única coisa em que podemos confiar quando operamos em território não-mapeado.

Pense, por exemplo, nos empresários. Para tomarem decisões, eles confiam, em alto grau, na sua intuição ou, como preferem dizer, em seu senso "visceral" de oportunidade. A razão disso está em que, a cada decisão, o número de variáveis a serem levadas em conta é simplesmente grande demais para ser manipulado. E, com a constante mudança das condições, fica simplesmente impossível pensar em tudo. Então, eles confiam no seu *input* intuitivo. Por isso, dirão que "sentiram" determinada decisão como correta, e que sabiam que as coisas se arranjariam da melhor forma possível.

Ora, considerando-se quão importante é o setor dos negócios no âmbito da nossa civilização, deveríamos talvez ter um pouco mais de respeito pela intuição.

Anteriormente, sugerimos que o assunto discutido até aquela altura era autolegitimável. Isso quer dizer que qualquer pessoa que queira se dar ao trabalho pode, por si mesma, descobrir tais coisas, e confirmá-las.

156

Permita-me utilizar a bicicleta como exemplo.

Suponha que você mostre uma bicicleta a alguém que nunca tenha visto uma, e tenta convencê-lo de que ela é um meio de transporte seguro e prático. Ele pensará que você está brincando, uma vez que a observação deixa bem claro que a bicicleta é uma geringonça altamente instável. Não haverá argumento que o faça concordar conosco. Só depois de aprender a usá-la (o que inclui um punhado de cotovelos e joelhos esfolados) é que o nosso companheiro ficará convencido dos méritos da bicicleta. Em outras palavras, somente depois de passar pela experiência subjetiva é que ele estará pronto para começar a fazer uso da bicicleta, e até mesmo para persuadir outras pessoas dos méritos desse veículo. Ele reconhece que, na sua maneira anterior de pensar, esqueceu-se de um ponto importante: o *invisível* princípio da inércia, que mantém a bicicleta em pé quando ela está em movimento.

Mais cedo ou mais tarde, a ciência vai ter de recuperar e usar esse método para avaliar coisas que são "invisíveis", subjetivas, mas que, não obstante, podem ser reproduzidas.

Podemos imaginar a possibilidade de pedir a um grupo de cem pessoas para que se coloquem num dado nível de consciência bem-definido, e descrevam suas experiências. Se a maior parte delas descrever, independentemente, experiências semelhantes, passíveis de serem reproduzidas, então é possível que tenhamos de admitir que estamos lidando com situações reais, comuns a todos, o que nos leva assim a estabelecer um fato.

Experimentos desse tipo estão sendo realizados, atualmente, pelos chamados "experimentadores do *biofeedback*", pelos estudiosos da hipnose e dos estados alterados de consciência, e por último (não porém último em importância) pelas indústrias farmacêuticas. O único meio de se descobrir como as drogas psico-ativas afetam o sistema consiste em ministrá-las a pessoas, e pedir-lhes para que descrevam suas reações à experiência. Não existem meios objetivos para medir tais efeitos sutis. O relato dessas experiências é repassado aos químicos, que podem então — de acordo com ele — modificar as drogas.

Voltemos ao Capítulo 4.

Por meio do experimento, com o tempo oferecemos uma evidência de que não é, de fato, muito difícil funcionar conscientemente na realidade próxima à nossa. Os leitores que conseguiram reduzir a marcha do relógio, ou pará-lo de todo, realmente se projetaram na chamada "realidade astral", lá permanecendo, durante um certo tempo, em plena consciência. Vamos analisar o que aconteceu.

Nas instruções, foi-lhe sugerido que transportasse todo o seu aparato sensório e racional para um outro ponto no espaço e no tempo — a "praia". Quando isso é feito corretamente, seu corpo físico — para todos os efeitos — passa por uma "morte" temporária; no caso, seus olhos físicos não registraram a realidade física circundante (nem seus ouvidos o fizeram). Seus sentidos estavam registrando uma realidade diferente, que ocorrera no *passado*. Portanto, você experimentou uma inclinação das suas coordenadas de espaço-tempo subjetivo, de um certo ângulo ψ, em relação ao referencial objetivo. Para aqueles que lograram retardar até certo ponto o fluxo do tempo, o ângulo ψ situava-se entre 0 e 90 graus; para os que conseguiram "parar" o tempo quase completamente, ele chegou perto dos 90 graus. A essa altura, seu eixo do espaço subjetivo apontava para o *passado* objetivo, e seu eixo do tempo subjetivo apontava para o *espaço* objetivo, enquanto o tempo objetivo necessário à operação diminuía rapidamente. Em conseqüência, as pessoas que quase conseguiram "parar" o tempo (que serão, invariavelmente, as do tipo criativo) puderam ir não apenas até uma praia nas redondezas, mas também a qualquer lugar do universo, no lapso de tempo de que precisaram para visualizar seu destino. Isso deve-se ao fato de que elas projetaram seu aparato sensorial e pensante, seu "observador", na direção de seus alvos escolhidos, a velocidades praticamente infinitas. É a *visualização* criativa que pode levá-las até lá.

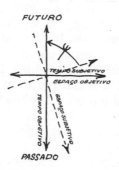

Resumindo, visualização criativa e mente tranqüila são, como já dissemos, os ingredientes mais úteis para capacitar nosso funcionamento nas diferentes realidades. Alcançá-las ou não, tudo depende do grau de desenvolvimento e refinamento de nosso sistema nervoso, que determina até que ponto nos é possível expandir a consciência, e até onde podemos chegar, nos níveis para além do físico. Tal desenvolvimento só pode ser atingido por meio de técnicas de meditação. Embora ele possa ocorrer de maneira espontânea, ou devido a algum acidente, às vezes a pessoa que o experimenta tenderá a perder seu equilíbrio, caso se mostre incapaz de distinguir entre o nível físico e as novas realidades, às quais, de súbito, sua percepção tem acesso. Eventualmente, será diagnosticada como esquizofrênica, pois verá e ouvirá coisas que uma pessoa "normal" não vê nem ouve.

O "observador"

Chegamos a um ponto em que podemos definir nosso "observador" em termos mais familiares.

De tudo o que foi dito antes, vimos que a entidade que se desloca e viaja é o nosso corpo astral — ou nosso aparelho sensório-emocional — e nosso corpo mental — ou aparelho raciocinante —, aquele que pode interpretar os eventos. Quando o indivíduo atingiu um bom desenvolvimento, ele também pode utilizar seu corpo causal ou intuitivo. Se juntarmos esses três, poderemos concluir que o melhor modo de descrevê-los é chamá-los de nossa psique. Independente do corpo físico, a psique dele se vale como de uma espécie de garagem, onde permanece a maior parte do tempo. O nome mais tradicional para designar a psique é "alma".

Ela serve de ponte entre o nível físico e nossos eus verdadeiros — seres espirituais que operam no domínio físico, por mediação da psique.

É tão grande a distância entre a entidade espiritual, que podemos chamar de "eu superior", e nossa realidade física, em termos de qualidade de consciência, que o espírito não pode operar diretamente um corpo físico normal. Ele precisa desse intermediário para realizar a tarefa.

O nível espiritual é o mais alto dos níveis mostrados na Figura 30. Ele é a ponte para o absoluto.

O nível espiritual

Infelizmente, as palavras *"spirit"* ["espírito"] e *"spirits"* ["espíritos"] são, no idioma inglês, muito versáteis. São usadas para denotar espíritos líquidos, isto é, bebidas alcoólicas, e também para descrever entidades desencarnadas, isto é, gente sem corpo físico e assombrações de todos os tipos, desde as benévolas, como as que andam pelos jardins, até as viciosas, malévolas, degeneradas.

Empregaremos as palavras "espírito" e "espiritual" para descrever o mais alto nível da evolução humana (Fig. 30), que faz fronteira com o absoluto.

É muito difícil traçar quaisquer linhas de demarcação precisas, pois o mais elevado dos níveis espirituais funde-se com o absoluto, que é o domínio dos Criadores. Está, portanto, diretamente ligado com o conhecimento e com a estrutura do universo e do cosmos.

Você talvez se lembre do que dissemos ao descrever o nível causal: que aí o conhecimento chega em porções, ou grandes pedaços, de informações, e não sob a forma seqüencial, ou linear, que é a maneira como normalmente absorvemos o conhecimento. Considere, por exemplo, o modo como olhamos para uma figura: nossos olhos a varrem num movimento ziguezagueante, e, desse modo, pedacinho por pedacinho, vamos recolhendo as informações nela contidas. Mas se nossa observação ocorresse na região causal, ou em níveis superiores a ela, a figura seria impressa, gravada, em nós como se todo o nosso corpo entrasse em contato com ela num *flash*, à semelhança do que acontece no processo de cópia instantânea por contato direto, como no xerox. A percepção e a compreensão da figura, nos seus mais ínfimos detalhes, seriam questão de um instante, sobrando-nos todo o tempo para ponderar sobre o seu significado. O mesmo sistema de aquisição de conhecimento vale para os domínios espirituais.

Os interesses individuais naturalmente variam, assim como as informações transmitidas a cada pessoa, em todos os níveis. Se o interesse de alguém está centralizado na cosmologia, é provável que ele obtenha informações acerca da estrutura do universo e do cosmos com tantos detalhes quantos seja capaz de compreender no momento. O que é importante reconhecer é o fato de o universo, por meio de seu sistema estimulador, a que damos o nome de "evolução", estar ansioso para transmitir o máximo de conhecimento possível aos seres susceptíveis a este, a fim de lhes permitir a subida, o mais depressa possível, ao longo da escada da evolução, e o desenvolvimento da consciência desses seres até o grau mais elevado possível. O universo quer ser conhecido por aqueles que podem compreender sua linguagem, e essa linguagem torna-se cada vez inteligível a nós à medida que nossos componentes espirituais se desdobram.

Vamos, agora, deixar claro o seguinte: "espiritual" não significa que tenha algo a ver com religião como nós a conhecemos. (Por vezes, líderes religiosos são chamados de líderes espirituais.) Tem a ver apenas com o desenvolvimento e o aprimoramento do sistema nervoso, e com a ascensão do nível de consciência que acompanha esse desenvolvimento. Tal nível atingiu um ponto, em termos de qualidade de freqüência, alto o suficiente para entrar em ressonância, na escala da qualidade de consciência, com os níveis mais elevados da criação. Isso exige automaticamente o desenvolvimento de valores morais intrínsecos, e o desenvolvimento do coração, isto é, dos sentimentos. Queremos com isso dizer que uma pessoa situada nesse nível de desenvolvimento tenderá, automaticamente, a oferecer ajuda aos que dela necessitem, e irradiará uma energia que, no nível físico, se expressa pela emoção chamada "amor".

Definiríamos "amor" como energia, e não como uma emoção, pois as emoções restringem-se aos níveis de realidade físico e astral. Não há emoções além desses níveis. Portanto, aquilo a que chamamos de "amor" é uma energia ou radiação que permeia todo o cosmos. O amor é, possivelmente, a base daquilo que conhecemos como fenômeno da gravitação.

Todo o treinamento fornecido pela ioga tem por meta funcionarmos nesse nível. Aliás, a palavra "ioga" significa união, que subentende união com o absoluto. Um iogue consumado é capaz de funcionar em todos os níveis da criação, de descrever eventos passados e futuros, e de influenciar, de maneira positiva, a Natureza. Esse poder de influência decorre do fato de que a curva de troca de energia é muito alta nesse nível. Eventualmente, o iogue transforma-se num fator de estímulo evolutivo para a espécie humana e o planeta.

No presente capítulo estivemos entoando preces ao nível espiritual da consciência, e falando das recompensas obtidas por aqueles que o atingem. Isso, porém, não quer dizer que o universo seja espiritual. O universo simplesmente *é*. No entanto, aquilo a que chamamos de desenvolvimento espiritual é a chave para se obter compreensão subjetiva e objetiva do universo.

Um dos estados espirituais mais freqüentemente descritos na literatura é a chamada "consciência cósmica". É um estado em que a pessoa testemunha suas próprias ações como se estivesse observando as de outra pessoa. Nem se arrebata quando essas ações são bem-sucedidas, nem se deprime quando não o são. Vê, como fato corriqueiro, os corpos mais refinados e sutis das pessoas e dos objetos, assim como os fluxos de energia que se estabelecem entre eles quando interagem. Em outras palavras, vê as ações das pessoas ocorrerem simultaneamente nos diferentes níveis de consciência. Sente descer sobre ela uma paz que tudo permeia, ao compreender sua condição de espírito imortal, que opera no nível físico a fim de ganhar experiência. Compreende as alusões que a Natureza lhe insinua sob forma simbólica, como se esta lhe estivesse dizendo claramente: "Olhe pra cá. É assim que eu funciono." Entende o significado do aforismo "o que está em cima é como o que está embaixo", e sabe que a Natureza tende a reutilizar, muitas e muitas vezes, em todos os níveis da criação, um projeto bem-sucedido, imprimindo-lhe, talvez, ligeiras modificações. Em resumo, o projeto do microcosmo reflete a estrutura do macrocosmo, e vice-versa.

Há estados superiores ao da consciência cósmica. São estados em que a Natureza se abre ao observador, mostrando-lhe sua estrutura e seus princípios subjacentes. Uma pessoa que consiga ter acesso a um desses estados pode, instantaneamente, tomar conhecimento de todo e qualquer evento que esteja se processando no cosmos, pois desconhece limites de espaço e de tempo.

De fato, a comunicação no cosmos não depende do tempo, como esperamos mostrar mais tarde.[1]

A esta altura, talvez você esteja perguntando: "Bom, mas quem está dirigindo o espetáculo? Quem está demons-

---

1. Nesse contexto, é interessante mencionar uma pesquisa realizada junto à população dos Estados Unidos, em 1975, na qual se perguntou às pessoas se elas haviam passado por alguma experiência mística. Quarenta por cento (40%) responderam afirmativamente. Segundo o levantamento, uma das características comuns a todas essas experiências era a de que "o tempo chegou a parar". Ora, se você leu o Capítulo 4, é capaz de explicar esse fenômeno incomum.

Esse levantamento de dados foi trabalho de Andrew M. Greeley e William C. McReady, do National Opinion Research Center da Universidade de Chicago. Está disponível graças à *Sage Publications, Inc.*, Beverly Hills, Califórnia.

trando todas essas maravilhas para o pessoal que se encontra nos estados espirituais superiores?" A resposta é: o "eu superior", o mais elevado componente do homem, uma lasca do velho carvalho, de quem se costuma dizer: Tal pai, tal filho. Trata-se, de fato, de uma pequena parcela, de um fragmento, do Criador.

Compreendemos as dificuldades que algumas pessoas podem sentir relativamente ao conceito de um Criador. Achamos, no entanto, que é ainda mais difícil supor a inexistência de um responsável pela criação do cosmos. Uma vez que ninguém colocará em questão a existência do universo físico, nem tentará negá-la, achamos que é muito mais natural presumir que há, de fato, alguém que *está* tomando conta da loja. Seria difícil provar o oposto.

O eu superior é o "espírito dentro de nós". Sendo partes do Criador, todos os eus superiores estão ligados uns aos outros, e se comunicam entre si. A ocupação do eu superior é submeter a personalidade às experiências da vida e a interações com outras personalidades. Por meio disso, ganhará conhecimento e aprenderá a conhecer a si própria. Num certo sentido, podemos dizer que todo o universo é um sistema de armazenamento de informações. O Criador fragmenta-se em pequenas unidades, a fim de poder experimentar todas as interações possíveis entre suas partículas, em todos os níveis possíveis. Aprende, desse modo, a conhecer a si mesmo. A evolução é o impulso residente que empurra toda a matéria rumo a condições de complexidade progressivamente maiores, o que propicia a ocorrência de experiências em níveis cada vez mais altos.

O eu superior não pode interagir de maneira eficaz com um corpo físico que não se encontre adequadamente desenvolvido. Por isso, ele se comunica com a psique ou alma. O desenvolvimento da consciência até um grau onde se torne possível a interação direta entre a personalidade e o eu superior demanda muitas encarnações e um esforço continuamente sustentado. Uma vez, porém, que esta meta é atingida, a pessoa passa a ser guiada diretamente pelo eu superior.

165

Começa a confiar cada vez mais no conhecimento intuitivo, que nela converge vindo diretamente da mais alta fonte possível. De início, ela intui essa fonte; mais tarde, vem a conhecê-la. Sentir que suas experiências, nesse alto nível, contribuem para o banco total de experiências do universo é algo que a enche de felicidade e satisfação.

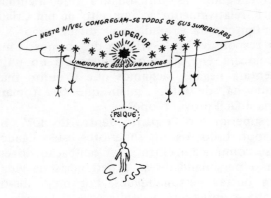

Sumário

Avanços científicos de grande significação acontecem por meio de saltos intuitivos.

O material aqui apresentado é autoconfirmativo, pois qualquer um pode, com algum esforço, verificar essas afirmações. Será uma confirmação subjetiva.

Chegou a época de utilizarmos o conhecimento adquirido por meios subjetivos. O "observador" é o nosso aparelho de processamento de informações, sentimentos e sensações. Ele serve de ponte entre o corpo material e o espírito. O "observador" é a psique ou alma.

O conhecimento intuitivo chega em porções, e é processado mais tarde.

O eu superior é o *nós* espiritual. Uma vez que não pode, efetivamente, interagir com um corpo material, comunica-se conosco por intermédio da psique ou alma. Todos os eus superiores estão conectados uns aos outros e em constante comunicação uns com os outros.

8. UM MODELO DO UNIVERSO

Chegamos a um ponto em que devemos começar a organizar todas as idéias antes mencionadas num arcabouço consistente ou "modelo do universo". Temos de mostrar como, no nosso universo, é possível a comunicação instantânea: temos de mostrar que todo o conhecimento já se encontra aqui, e disponível; temos de mostrar como todos os diferentes níveis de consciência se encaixam no modelo de universo que propomos; e em último lugar (porém não último em importância) devemos ser capazes de mostrar que, no âmbito do nosso atual universo físico, podemos discernir estruturas correspondentes ao nosso modelo, que justificam a regra antes postulada, segundo a qual "o que está em cima é como o que está embaixo". Em outras palavras, devemos ser capazes de reconhecer, em algum lugar do nosso universo visível, uma estrutura física que seja um modelo, em escala reduzida, do universo maior que postulamos.

Examinemos, primeiro, o modelo de universo atualmente preferido pela comunidade científica. Trata-se do modelo astrofísico genérico de Friedmann-Gamov: o do *big bang*.

O big bang

É assim que esse modelo explica o surgimento do universo: há muito tempo, toda a matéria do universo achava-se concentrada numa bola compacta, cuja temperatura e cuja densidade eram extremamente elevadas. Era uma espécie de ovo cósmico, em cujo seio estavam contidos toda a matéria e todo o espaço. Nada existia, a não ser essa bola de fogo primordial. De repente, de algum modo, esse ovo precisou expandir-se ou explodir... E foi isso que aconteceu. Supõe-se que essa explosão, o *big bang*, tenha ocorrido de maneira concêntrica e uniforme em todos os pontos da bola de fogo. Isso significa que a matéria, juntamente com o espaço, começaram a expandir-se uniformemente em todas as direções.

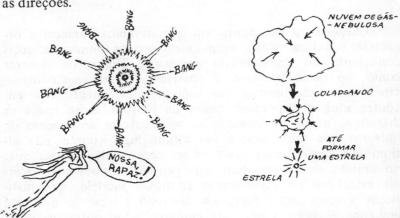

Inicialmente, a matéria existia sob a forma de radiação de altíssima temperatura e alta freqüência. À medida que se expandia, essa radiação esfriava, até que, por fim, atingiu temperaturas compatíveis com o surgimento dos grandes componentes estáveis da matéria. Foram estas as primeiras partículas elementares que compõem nossa familiar matéria sólida: os nêutrons, os elétrons e os prótons. Depois, formaram-se os elementos simples a partir dessa sopa quente, feita de partículas primordiais. Apareceram os átomos de hidrogênio e de hélio, que produziram nuvens gigantescas — as nebulosas —, as quais acabaram se fragmentando em unidades menores. Estas, por sua vez, começaram a se condensar, devido à própria tração gravitacional que as mantinha coesas, formando, desse modo, o ponto de partida para as galáxias que delas derivaram. As nuvens de matéria, no interior dessas nebulosas, tornaram-se cada vez mais compactas, o que causou uma elevação da temperatura em seus centros.

As primeiras proto-estrelas apareceram sob a forma de bolhas incandescentes de hidrogênio gasoso. Com o tempo, seus núcleos atingiram temperaturas altíssimas. Estas continuaram a subir até que, por fim, desencadearam reações nucleares. Produzindo muito calor e muita luz, essas reações deram origem aos primeiros corpos celestes semelhantes ao nosso Sol. No núcleo dessas estrelas processava-se o cozimento de elementos mais pesados. Eventualmente, vários dos elementos que integram nossos corpos físicos foram, desse modo, sintetizados por estrelas. Saber que os elementos que os compõem foram feitos nessas grandes estrelas primordiais é algo que deveria nos inspirar orgulho.

Outro aspecto da teoria do *big bang* é a suposição de que, desde a época da explosão inicial, toda a matéria encontra-se como que distribuída sobre a superfície de um balão que se expande sem cessar.[2] Tal superfície, estando em crescimento, provoca a recessão mútua de todas essas ilhas de matéria a que chamamos galáxias. Ainda hoje podemos ver isso acontecendo, quando, graças aos nossos recursos de astrofísica, observamos as galáxias distantes, todas elas afastando-se da nossa Via-Láctea e umas das outras.

Isso significa que o volume de nosso universo está aumentando constantemente, razão pela qual o chamamos de "universo em expansão". Os cientistas ainda não chegaram a uma conclusão definitiva acerca do destino deste universo: se após um período de expansão ele acaba parando, e passa a contrair-se, ou se continua indefinidamente a se expandir. Na primeira hipótese, o término do colapso reconstituiria o estado inicial do universo, ou seja, uma grande bola brilhante de matéria quentíssima.

---

2. Na verdade, a matéria acha-se distribuída na hipersuperfície de um hiperbalão.

É claro que a idéia de um tal universo pulsante é esteticamente mais satisfatória que a de um universo "de um só tiro". Todos os processos no universo parecem cíclicos, e seria muito pouco provável que o maior de todos eles não o fosse. Os processos menores devem espelhar o maior — pelo menos, é esta a nossa crença.

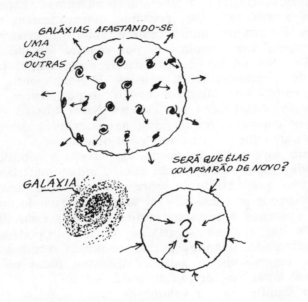

O universo do big bang contínuo

Uma das conseqüências óbvias de uma grande explosão concêntrica e uniforme, tal como a descrevemos, seria a homogeneidade e a isotropia[3] do universo em expansão. No entanto, algumas medições parecem indicar a presença de alguma anisotropia ou não-uniformidade no universo em expansão. A suspeita de que isso ocorra advém da distribuição dos chamados "quasares" (objetos quase-estelares).

3. Isotropia significa uniformidade em todas as direções.

Quasares são galáxias muito distantes e incomuns. São compactos e assemelham-se a estrelas, emitindo tremendas quantidades de energia sob a forma de ondas de rádio e luz visível. Até hoje, não há explicações suficientes para a espantosa quantidade de energia por eles irradiada. (Cada um deles emite cerca de mil vezes mais energia que uma galáxia comum, além de exibir outros comportamentos peculiares.) Seu brilho varia muito num lapso de poucos dias e, em geral, são "objetos" enigmáticos e de "mau comportamento".

Às vezes, quando acontece de um deles colocar-se num ângulo favorável em relação a nós, podemos constatar nele a presença de uma característica incomum (Foto do quasar 3C273, Ilustração 1): um jato de matéria luminosa que se projeta para fora do seu centro (Fig. 37).

Fig. 37   ilustração 1

Esse jato é, nitidamente, um feixe de matéria que foi ejetado do centro do quasar devido a alguma pressão gerada dentro dele. O que aqui vemos é uma explosão de um tipo diferente da do *big bang*. É uma explosão controlada, não-concêntrica.

Tentemos visualizar o que acontece.

Suponha uma bola de matéria densa e muito quente flutuando no espaço. É lógico que, devido ao fato de a sua superfície exterior — ou "pele" da bola — irradiar energia, ela será mais fria que o seu centro e, portanto, possivelmente mais "viscosa". Vamos agora supor que a pressão dentro dessa bola cresça quase a ponto de provocar uma explosão. As probabilidades são de que, como a superfície sempre terá um ponto fraco em algum lugar, será esse ponto que, mais cedo ou mais tarde — e devido ao crescimento da pressão — terminará por romper-se, deixando que um jato de matéria esguiche para fora. Quando isso acontece, é estabelecido um eventual equilíbrio entre a pressão que se intensifica dentro da esfera e a quantidade de matéria que escapa através do orifício na superfície. O que temos agora é uma situação semelhante à de um balão de borracha cheio de ar e no qual se espetou uma agulha. O ar escapará e o balão murchará lentamente.

Se tomarmos desse modelo e perguntarmos: "Bem, por que o ovo cósmico original não se comportou desse modo?", a resposta será que é justamente isso o que pode muito bem ter acontecido.

Vamos considerar mais uma pista, que reforça nossa suposição sobre uma pele mais viscosa na superfície desse corpo original: nenhum contrajato é visível no lado oposto do quasar. (Veja Ilustração 1.) Sabemos que, quando uma massa é expelida de um dos lados de um tal corpo, tenderá a surgir uma reação no lado oposto (e na posição antípoda), manifesta num contrajato de igual tamanho. Não é isso, entretanto, o que se constata nos quasares observados. O contrajato não é visível porque sua energia pode ter sido absorvida pela superfície desse corpo, no lado oposto ao jato, caso aí essa superfície seja mais viscosa e "elástica" que na região onde ocorreu o jato.

A idéia de que os núcleos galácticos são coisas do tipo "tal pai, tal filho" não é nova. Foi recentemente mencionada pelo astrônomo russo Ambartsumian, que há vários anos mostrou-se dotado de *insights* muito bons, com relação a suposições que, a despeito da descrença geral, terminaram por se revelarem corretas.[4] Ele sugere que os núcleos das

---

4. Oort, J. "Galaxies and the Universe". *Science*, vol. 170, 25 de dezembro de 1970, p. 1369.

galáxias existiram desde o começo, possivelmente como fragmentos remanescentes do *big bang* original. Utilizaremos essa linha de pensamento para desenvolver nosso modelo do universo.

A incubação do ovo cósmico

Para começar, vamos novamente nos valer de uma bola de matéria ou radiação altamente comprimida, a que daremos o nome de âmago, ou núcleo, flutuando no espaço vazio. Esse espaço não é um componente do nosso conhecido "espaço-tempo", mas, antes, um espaço que serve de palco para o desdobramento do espaço-tempo como nós o conhecemos. Vamos chamá-lo de "proto-espaço" ou "substância-base". De repente, por algum motivo, essa bola de matéria é compelida a expandir-se ou a explodir. Vamos aplicar ao *big bang* a analogia do jato emitido pelo quasar. Vai ser um *bang*, só que não tão *"big"* quanto o de Gamov. Essa explosão fará com que emerja, de um dos lados do nosso ovo, um jato de matéria. Temos de supor que esse jato está animado de uma velocidade inferior à velocidade de escape desse sistema, de tal modo que, após deixar o núcleo, ele passará pelos mesmos processos que descrevemos antes para o *big bang*. A radiação esfriará, começarão a formar-se as partículas elementares, nuvens de hidrogênio e hélio condensar-se-ão em estrelas que, finalmente, morrerão — degenerando ou explodindo, e vomitando no espaço elementos mais pesados, na forma de poeira cósmica, os quais, por sua vez, engendrarão novas estrelas, etc., etc. O jato também se expandirá, à medida que se afaste da fonte, e começará a desacelerar, em virtude do puxão gravitacional exercido pelo núcleo. No nosso esquema (Fig. 38), isso corresponde à Fase I.

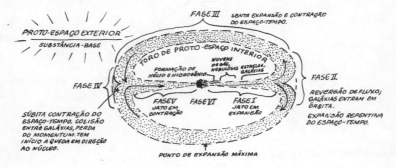

Fig. 38

Mais cedo ou mais tarde, ele parará completamente, quando então terá assumido a forma de um cogumelo e começará a cair em direção à sua fonte. Isso é a Fase II. Terá esse comportamento devido à atração gravitacional exercida pela gigantesca massa do núcleo. Trata-se de um comportamento análogo ao de um jato d'água que é esguichado, perpendicularmente ao solo, através do bocal de uma fonte. Podemos de fato considerar esse fluxo de matéria como um fluido um tanto viscoso.[5]

---

5. Devemos mencionar que concebemos esse fluxo como se toda a matéria no espaço-tempo se comportasse à semelhança de um fluido viscoso. Ela pode ser considerada como tal porque, na escala de tempo do nosso modelo macrocósmico, o ciclo de vida de estrelas e de outros corpos de matéria "sólida" é muito curto. No âmbito dessa escala, as coisas apenas acendem e apagam, existindo e deixando de existir. Elas, por assim dizer, "vão do pó para o pó". Essa poeira será capturada por campos magnéticos e gravitacionais intergalácticos, e retida sob a forma de um meio material que se comporta como um fluido viscoso. Desse modo, o universo — numa vasta escala de tempo muito grande — é um *continuum*.

Chegamos, agora, à Fase III, a viagem de volta à fonte. Esse envoltório material curvo não terá êxito, nessa fase, em recair no núcleo, devido à sua inércia, ultrapassando-o pelos lados e, depois, reduzindo novamente sua velocidade por força da atração gravitacional do "âmago". Finalmente, ele refluirá para o centro, o que corresponde à Fase IV.

Então, as duas frentes de matéria, animadas de velocidades opostas, irão colidir, perder *momentum*, e cair sobre o núcleo, num jato progressivamente mais estreito. É a Fase V.

É importante não esquecer que a Figura 38 representa, na verdade, um corpo tridimensional.

Pode-se visualizar esse corpo como uma rosca alongada, tendo, em seu centro, um orifício comprido e estreito. Essa forma ovoidal oca é chamada de toro. Em nosso caso, temos um toro que está permanentemente se voltando de dentro para fora, com a matéria fluindo para dentro do núcleo, passando pelo centro e saindo, e formando assim o jato de partida. É algo análogo a um anel de fumaça em rotação.

Todavia, nosso modelo do universo é uma variante achatada desse anel de fumaça, possuindo um orifício muito menor que o percorre. Para visualizar o interior do toro, será útil recorrermos a uma versão culinária do nosso modelo, a qual poderá funcionar como uma analogia. Observe a Figura 39.

Nela podemos ver uma rosca de massa crua, recheada de geléia, metamorfoseando-se no formato do universo. Temos de supor, como condições iniciais, que a geléia distribui-se por dentro da rosca como um anel homogêneo, de espessura fixa, e que a massa pode ser dobrada. Agora, se nela introduzirmos um bastão, fino e cilíndrico, e se dermos palmadinhas, de leve, na massa disposta ao redor do bastão, até

Fig. 39

que ela adquira a forma ovoidal requerida, observaremos que o anel gelatinoso interior distende-se na forma de um anel alongado. Esse toro interno de geléia representa nosso proto-espaço, aprisionado dentro do envoltório de espaço-tempo do nosso universo toroidal. Se conseguirmos visualizar a geléia por dentro e por fora da rosca, obteremos a correta imagem desse modelo. Uma vez que consideramos a geléia como o proto-espaço ou substância-base, é ela a nossa representação do espaço primordial, que se transformou em espaço-tempo quando, mais tarde, a matéria apareceu.

Ao convergir sobre si mesmo, durante a Fase IV, o envoltório externo tenderá a fazê-lo em direção a um único ponto. Nesse ponto, ou volume, a densidade de galáxias seria muito alta, o que provocaria muitas colisões entre as que viajassem em sentidos opostos. Como resultado, elas perderiam os componentes opostos de suas velocidades, sofreriam desaceleração e, finalmente, começariam a cair sobre o núcleo.

Chegamos, agora, à Fase VI. À medida que o fluxo de matéria vai caindo em direção ao núcleo, torna-se progressivamente mais denso. Na altura em que o núcleo é alcançado, segue-se o colapso gravitacional, situação em que a matéria não pode mais resistir às forças gravitacionais, acabando por ser comprimida a tal ponto que a medida de sua densidade é da ordem de toneladas por centímetro cúbico. Em tais condições, sua atração gravitacional acaba por se tornar tão forte que ela puxará de volta para si a luz emitida por esse processo de colapso rápido (Fig. 40A). Tal estado da matéria é chamado de "buraco negro", porque a luz que poderia sair daí e chegar até nós para contar a história dessa catástrofe não é capaz de escapar ao destino do restante da matéria, sendo chupada para dentro do funil sem saída. Esse funil é modelado pela curvatura do espaço-tempo, que vai se tornando extremamente íngreme à medida que a densidade da matéria aumenta.

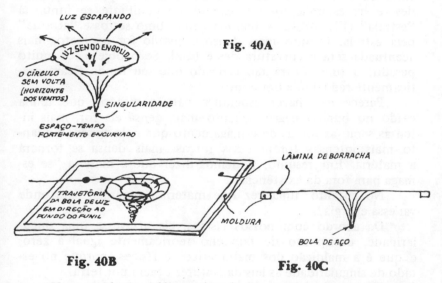

Fig. 40A

Fig. 40B   Fig. 40C

Uma analogia bidimensional do espaço-tempo será útil para nos elucidar essa questão do encurvamento. Observe a Figura 40B.

Suponha que tomemos de uma moldura, e nela estiquemos uma lâmina de borracha fina. Isso representa um espaço-tempo onde não se encontram presentes grandes porções de matéria. Vamos, agora, introduzir nesse "espaço-tempo" uma grande massa, como a de uma estrela. Representaremos essa estrela por uma pesada bola de aço, que esticará verticalmente a lâmina de borracha, afundando e formando uma

177

concavidade bem pronunciada, à semelhança de um funil (Fig. 40C).

Essa depressão em forma de funil representa a curvatura, ou flexionamento do espaço-tempo ao redor de um objeto pesado. Podemos dizer que o puxão gravitacional surge em consequência desse flexionamento. Para perceber isso basta colocar uma bolinha leve perto da moldura. Ela rolará em direção à concavidade produzida pela "estrela". A trajetória da bolinha será desviada da linha reta que começara a descrever, espiralando-se e caindo no funil até se juntar à "estrela" (Fig. 40B). A bolinha agirá como se fosse "atraída" pela estrela. Quanto mais denso e pesado for o objeto, mais acentuada será a curvatura desse funil. Se o objeto for muito pesado, o funil ficará tão esticado que seu fundo ficará praticamente reduzido a um ponto.

Parece não haver esperança para a matéria que tenha caído no buraco negro. Quanto mais densa ela for, mais intensas serão as forças de esmagamento que nela agirão; e quanto mais intensas forem essas forças, mais densa se tornará a matéria. Em resumo, podemos dizer que a matéria "se esmaga para fora da existência".

No entanto, uma vez que matéria é energia, para onde vai essa energia?

De acordo com nossos físicos, ela atravessa uma singularidade, um ponto de tamanho teoricamente igual a zero, e que é a maldição dos matemáticos e físicos, porque no estado de singularidade as leis da Natureza caem por terra.

Depois de atravessar esse ponto, a matéria reaparece num "universo diferente". Sairá nele sob a forma de uma nascente de energia, que se ajusta à descrição de um "buraco branco", o oposto do buraco negro. O buraco branco é um núcleo ou fonte de onde emerge matéria; de fato, ele se parece com o "ovo cósmico" descrito no início deste capítulo.

Fizemos, com isso, uma apreciação das qualidades gerais dos buracos negro e branco; assim equipados, podemos concluir que o ovo cósmico ou buraco branco primordial deve ter sua origem num buraco negro de proporções equivalentes, pois se toda a matéria existente no universo fosse condensada num só lugar, seguir-se-ia um colapso gravitacional que, como dissemos antes, projetaria toda essa matéria numa singularidade.

Assim, nosso universo emergiu de um buraco branco, que foi o terminal de saída de um buraco negro, e estamos propondo que o universo se ache submetido a um contínuo processo de morte e renascimento. A matéria que sai pelo buraco branco aparece diante de nós como o "ovo cósmico", a bola de fogo primordial da teoria do *big bang*. Essa matéria caiu dentro de um buraco negro, no universo "passado". O buraco negro e o buraco branco estão, desse modo, "de costas um para o outro". Um deles é o terminal de entrada de toda matéria que cumpriu um ciclo evolutivo, e seu repositório final; o outro, o buraco branco, situado do lado oposto, é a fonte de toda a matéria que reaparece no "novo" universo.

Depois que a matéria passa pelas dores agônicas do processo de morte-renascimento nos buracos negro e branco, ela reemerge completamente homogeneizada e reenergizada, para uma outra viagem através do ciclo evolutivo.

De acordo com John T. Taylor,[6] as coisas não são tão ruins para a matéria que cai num buraco negro *rotacional* (também chamado de "buraco negro de Kerr") (Fig. 41). Nesse caso, ela não atravessa um ponto de tamanho zero.

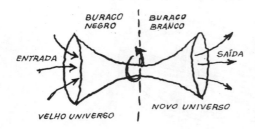

Fig. 41

---

6. Taylor, John, *Black Holes: The end of the universe?* Nova York: Random House, 1973; Londres, Souvenir Press, 1973.

Em vez disso, aqui a singularidade assemelha-se a um anel, e, à medida que o buraco negro se transforma num estreito funil, no lado da entrada, vai se fundindo com um funil simétrico, no lado da saída, por onde a matéria emerge. Sabemos que, no universo atual, tudo está girando, desde os elétrons até as galáxias. Os pares buracos negros/buracos brancos rotacionais poderiam ser a fonte de todo esse movimento giratório em nosso universo.

Para o leitor atento, agora está claro que, se tivermos um buraco negro, deve haver igualmente um buraco branco associado a ele. Eles sempre têm de vir em pares, pois a matéria que desapareceu no buraco negro tem de reaparecer em algum lugar. Daremos a tal par o nome de *núcleo*. Na Figura 38, o núcleo corresponde à Fase VI de nosso esboço, e representa o começo e o fim do "tempo" no nosso universo.

Podemos considerar o nascimento da nossa matéria, que ocorre no núcleo, como uma época de referência. É lá que começa o "tempo" do nosso universo. A partir desse início, podemos medir os processos, descritos mais acima, de desenvolvimento da matéria, desde a radiação até os átomos e galáxias, seja em termos de tempo, seja em termos da distância percorrida pelo jato de matéria emitido pelo núcleo (Fig. 42). Desse modo o "tempo" passa a ser apenas uma medida de distância, uma dimensão que se sobrepõe a uma das três dimensões do nosso espaço.

Fig. 42

A extensão de "tempo" necessária para se completar uma volta em torno desse toro é todo o "tempo" que existe neste universo. Isso porque, se passarmos por todo esse ciclo e cairmos no buraco negro, então, reemergindo pelo buraco branco, apareceremos num novo universo. Desse modo, o tempo não flui em lugar nenhum; o tempo simplesmente *"está aí"*. É a *matéria* que se movimenta, não é o tempo que flui. À medida que nos movemos no espaço, também o fazemos ao longo do eixo do tempo. Se pudéssemos deter completamente nosso movimento no espaço, é possível que também deixássemos de experimentar qualquer passagem de tempo.

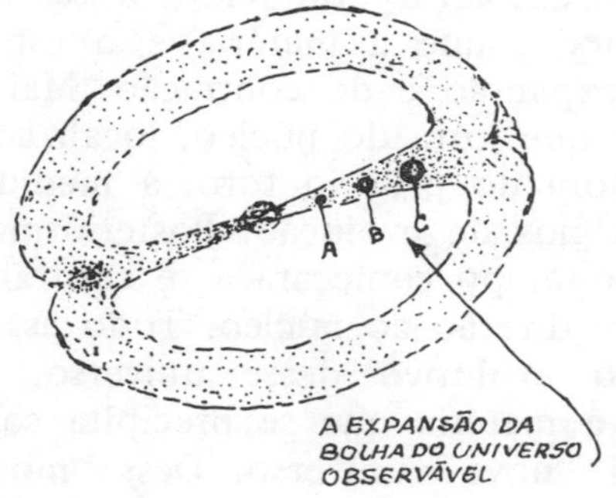

A EXPANSÃO DA
BOLHA DO UNIVERSO
OBSERVÁVEL

Fig. 43

Olhe agora para a Figura 43. Ela mostra uma fonte punctiforme da qual emerge matéria num jato que se expande e que constitui o nosso "universo em expansão". Só nos é possível visualizar uma pequena parcela desse jato, à qual daremos o nome de "universo observável". Corresponde ao volume limitado pelo alcance de nossos telescópios. Trata-se apenas de uma pequena bolha no seio de uma estrutura imensa.

Suponha agora que nos posicionemos em algum lugar fora do universo. Veremos, então, as paredes da nossa bolha se expandirem, à medida que o volume do jato vá aumentando. Desse modo, se imaginarmos uma pequena bolha de espaço no ponto A (Fig. 43), veremos seu volume aumentar à medida que ela se mova na direção do ponto B. Do mesmo modo, quando a vemos mover-se para o ponto C, perceberemos aí uma expansão ainda mais nítida. Assim, nosso espaço-tempo está se expandindo, e a taxa dessa expansão é máxima na região em que o fluxo de matéria inverte o sentido de seu movimento, isto é, na área da "boca" do funil, na Fase II.

É desse modo que nosso modelo responde pela constatada não-uniformidade na distribuição da matéria no universo. Se a bolha do nosso universo observável estiver próxima à entrada do funil, ela poderá sofrer uma expansão desigual, que, então, explicaria as diferenças observadas nas velocidades das galáxias e dos quasares. Voltaremos a isso mais tarde.

Vimos, desse modo, que a matéria e o espaço-tempo atravessam fases de expansão e de contração. Mais cedo ou mais tarde, a matéria que jorra do núcleo, localizado no centro do toro, estará fora do próprio toro, à medida que ela progride em seus estágios de evolução. Posteriormente, além da Fase III, o espaço-tempo começará a se contrair até que, por fim, colapsará em direção ao núcleo. Todo esse processo constituiria um ciclo evolutivo desse universo. Conforme foi mostrado antes, a matéria que se precipita sobre o núcleo reemergirá num "novo" universo. Desse modo, temos um fluxo constante de matéria passando através do núcleo. Do ponto de vista da matéria que atravessa o núcleo e emerge pelo buraco branco, o espaço onde acaba de entrar é um universo novo em folha; mas para nós, observadores, olhando do lado de fora, trata-se apenas do outro lado do mesmo velho universo. Aconteceu apenas que a matéria foi comprimida, homogeneizada e transformada em *radiação* — e ficou pronta para outra rodada.

Suponha agora que, de algum modo, nós, os observadores externos, chegássemos à cena antes que o universo fosse criado. Tudo o que, então, poderíamos ver seria escuridão (como diz a boa e velha Bíblia), porque mesmo que estivesse presente toda a matéria de que o universo é feito, não conseguiríamos observá-la, uma vez que se acharia em seu estado de buraco negro, sem fluxo para dentro ou para fora. Além disso, o espaço-tempo estaria compactamente enrolado à sua volta. Tudo o que poderíamos ver na escuridão sem-fim seria

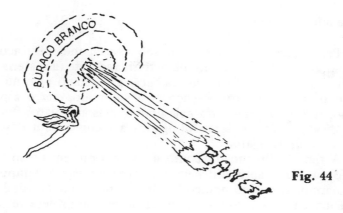

Fig. 44

ainda mais escuridão. Resumindo, nunca poderíamos ver um universo em *potencial*, mas apenas um universo que houvesse começado a agir, isto é, um universo em processo de criação. Por "criação" nos referimos à erupção de matéria pelo lado do núcleo que constitui o buraco branco (Fig. 44).

Vamos, por um momento, contemplar o espaço escuro e sem fronteiras onde nos encontramos, pois estamos para testemunhar a manifestação do nosso familiar toro do espaço-tempo.

Flutuamos num espaço onde *não existe tempo*, porque não existe *movimento*. Este entra em cena com a matéria, que, por sua vez, gera o tempo. Esse espaço é o palco onde ocorre a criação. É o imutável pano de fundo, constante e eterno, do qual deriva toda a criação.

Se você se recorda do Capítulo 5, isso talvez lhe pareça familiar, pois tal espaço, a que demos o nome de proto-espaço, parece adequar-se, com muita justeza, à nossa extensa descrição do absoluto, uma vez que possui todas as características necessárias para descrevê-lo. Serão eles idênticos? Ou será esse proto-espaço apenas um componente do absoluto?

Sobre a luz e a vida

Pense, agora, naquilo que, sob essas condições, acontece com a luz. Quando o jato de matéria radiante (a matéria surge, de início, sob a forma de radiação) é ejetado pelo núcleo, ele se propaga no proto-espaço e, desse modo, *cria* o espaço-tempo, que será *encurvado* pela grande massa do jato. Em virtude disso, os fótons serão obrigados a segui-lo num envoltório que *circunda* o jato.

A figura 40B mostra como uma bola ou, em nosso caso, um fóton, será capturado pela curvatura do espaço-tempo. Se imaginarmos o buraco branco localizado no fundo do funil, então a luz emitida pelo jato de matéria, que se projeta verticalmente para cima, ficará confinada a circular dentro desse funil. Desse modo, ela acompanhará a curvatura do espaço-tempo, ocasionada pela massa do jato, não logrando por isso penetrar no espaço existente entre o jato central e o envoltório do universo, em curso de retorno (veja a Fig. 45).

Fig. 45

Desse modo, um toro de proto-espaço é capturado pelo envoltório de matéria. Lembre-se de que isso ainda é um pedaço do proto-espaço original. É a geléia dentro da rosca. A luz fica assim confinada a se mover mais ou menos junto com a matéria. Observadores localizados no próprio jato não podem ver a luz emitida pelo envoltório exterior através do proto-espaço capturado, pois a região abarcada pela sua vista situa-se apenas ao longo da trajetória da matéria. A luz emitida pelo jato, ou pelo envoltório, eventualmente voltará sobre si mesma (Fig. 45).

Podemos, agora, perguntar: Em que ponto, no jato, apareceu a vida como nós a conhecemos?

O leitor estará ciente de que a vida no nível físico não é a única forma de vida existente. Com efeito, ela é uma das mais tardias formas de vida que surgiram. A consciência, como você deve se lembrar, é a estrutura subjacente à matéria e à vida e também é, portanto, o princípio subjacente ao par buraco negro/buraco branco, a que demos o nome de núcleo. À medida que a matéria se tornava cada vez mais complexa, a consciência dava início à sua manifestação nas realidades físicas, nas formas de vida que conhecemos. Contudo, a consciência, a inteligência e a vida sempre estiveram juntas, ligadas entre si, e sempre estiveram presentes, em toda parte.

Existem algumas indicações sobre a posição que nosso "universo observável" ocupa dentro dessa grande estrutura. Por "universo observável" não nos referimos aqui somente ao universo limitado pelo alcance de nossos telescópios ópticos ou de nossos radiotelescópios; há, no entanto, um limite absoluto ao nosso horizonte de observação: é o horizonte da velocidade da luz.

Sabemos que todas as galáxias se afastam de nós com velocidades proporcionais às distâncias que nos separam delas. Em outras palavras, quanto maior for essa distância, mais veloz será a fuga das galáxias. Quando as velocidades das mais remotas se aproximarem da velocidade da luz, elas simplesmente desaparecerão da nossa vista, pelo simples fato de que a luz, propagando-se a uma velocidade fixa de cerca de 300.000 km/s, não será capaz de nos alcançar uma vez que a fonte luminosa estará se afastando de nós com uma velocidade próxima à da luz que vem na nossa direção. Se a velocidade de recessão de uma galáxia hipotética pudesse ser igual a, digamos, 3.000.000 km/s, sua luz jamais poderia nos alcançar. A velocidade da luz delimita assim nosso horizonte visual absoluto. Em nosso atual estágio de conhecimento, esse horizonte absoluto fica a uma distância de cerca de 10 bilhões de anos-luz. Desse modo, o universo observável consiste numa bolha em expansão com um diâmetro de cerca de 20 bilhões de anos-luz, flutuando em algum lugar dessa estrutura muito maior.

Nossa posição no fluxo de matéria

É possível determinar a posição aproximada de nossa galáxia nesse universo toroidal, extrapolando-a com base em nosso conhecimento atual sobre a distribuição não-uniforme das galáxias.

Quando olhamos para o espaço que fica além da nossa galáxia, descobrimos que as outras galáxias não se afastam de nós numa corrida uniformemente compassada, razão pela qual a esfera do universo em expansão — que de outro modo seria, teoricamente perfeita — apresenta distorções. Os dados estão sempre mudando, mas parece que nossos céus estão divididos em duas áreas gerais, uma delas centrada perto do pólo norte da Via-Láctea, e a outra localizada em posição aproximadamente oposta à primeira, ou a cerca de 30 graus do pólo sul galáctico. As galáxias situadas na área setentrional parecem afastar-se mais velozmente do que as disseminadas na porção sul da Via-Láctea,[7] o que também indica estarem aquelas mais distantes de nós do que estas. Esse efeito é observado com a maior nitidez quando se trata dos quasares, os mais distantes objetos que podemos ver.

Segundo Burbidge e Burbidge, eles se agrupam em duas regiões claramente distintas, situadas nas porções norte e sul da Via-Láctea.[8] O grupo situado ao norte espalha-se por

7. Rubin e outros: "A Curious Distribution of Radial Velocities of ScI Galaxies". *The Astrophysical Journal*, 1973. Vol. 183, L111 - L115.

8. Burbidge, Geoffrey e Margaret. *Quasi-stellar Objects*. São Francisco, Califórnia: Freeman, 1967; Reading: W. H. Freeman, 1968. Esses dados foram superados por outros, mais novos, que indicam ser uniforme a distribuição de quasares pelo universo. Contudo, dados ainda mais recentes mostram uma distribuição desigual de velocidades.

um grande círculo ao redor do pólo, enquanto o grupo sul de quasares forma um aglomerado mais compacto.

Isso poderia sugerir que a bolha de nosso universo observável estaria esticada em forma de rim, com sua porção norte expandindo-se e abaulando-se mais rapidamente que sua porção sul. A razão disso está no fato de que o espaço-tempo se expande muito mais rapidamente na região da bolha voltada para a "boca" do funil.

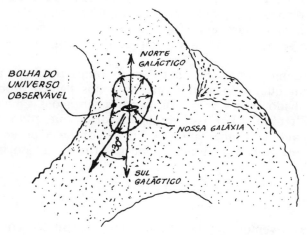

Fig. 46

As pequenas setas desenhadas na bolha indicam a taxa relativa de expansão, e a posição da nossa galáxia é assinalada no interior dessa folha (Fig. 46). É óbvio que o desenho está fora de escala, porque, proporcionalmente ao restante do universo, a bolha não passaria de um pontinho minúsculo, assim como nossa galáxia não passaria de um pontinho em relação à bolha.

Suponha agora que o nível médio de civilização em nossa galáxia seja o representado pelo nosso planeta. Certamente, nossa expectativa é a de que, em galáxias mais velhas —

isto é, as que estão à frente da nossa na linha evolutiva —, a vida se encontre num nível evolutivo muito mais alto. As que estejam alcançando o máximo de expansão no nosso espaço-tempo (o que se verifica a meio caminho do trajeto de descida, no envoltório externo do toro) encontrar-se-iam num nível evolutivo ainda mais alto.

Aqui, estou traçando um paralelo entre a expansão ou volume do espaço-tempo e a "expansão" da consciência. Em conseqüência, podemos esperar que, para além desse ápice, ocorra um lento declínio no nível geral da consciência, o qual entrará em rápida degeneração à medida que as galáxias se aproximarem do seu destino supremo, no buraco negro.

Podemos estar certos de que compartilhamos um universo em que tudo aquilo que hoje nos parece problema já foi resolvido, vezes sem conta, por civilizações à nossa frente no "tempo". Por isso, podemos dizer que todo conhecimento que já tenha vindo à luz encontra-se potencialmente disponível a nós, num ou noutro sítio do nosso universo.

Sumário

Descrevemos o *big bang*, uma expansão concêntrica do universo, bem como o desenvolvimento de galáxias e de estrelas. Configuramos nosso modelo do universo, que é acionado por um *big bang* contínuo, com base no exemplo do quasar que emite um jato. Nesse modelo, o jato desacelera, expande-se e volta-se sobre si mesmo, delineando eventualmente uma forma ovóide, em cujo centro há um núcleo, que é um objeto do tipo buraco negro/buraco branco. Esse objeto é a fonte e o sorvedouro (isto é, o depósito último) de toda a matéria do universo.

Nesse modelo, o "tempo" é concebido como sendo a distância coberta pela matéria expulsa do núcleo pelo lado do buraco branco, e que percorre o envoltório do toro até entrar no buraco negro.

Nosso "universo observável" é uma bolha minúscula dentro do toro do universo.

A posição da nossa galáxia pode ser localizada levando-se em conta as anisotropias na distribuição das galáxias distantes.

A expansão geral da consciência está vinculada à expansão que ocorre no toro do universo.

9. COMO FUNCIONA O CONHECIMENTO INTUITIVO

> "O conhecimento é estruturado em consciência."
> — Maharishi Mahesh Yogui, citando os *Vedas*.

No último capítulo, concluímos que todo conhecimento que já tenha vindo à luz encontra-se, presentemente, disponível em nossa galáxia e em outras mais avançadas, que estariam à nossa frente na estrada que vai de nós até o diâmetro máximo do envoltório externo de nosso universo. Naturalmente, surge uma pergunta: "Haveria algum meio de se 'puxar uma extensão' nesse conhecimento?" A resposta é sim.

Voltemos ao Capítulo 4, onde descrevemos o experimento com o tempo. Falávamos então a respeito do "observador", uma entidade não-material que, no ponto de repouso do pêndulo ou do corpo, se expande pelo espaço a velocidades praticamente infinitas. Esse "observador" é o "nós" não-físico, nossa psique. Ele contém todas as informações e todo o conhecimento coligidos no decurso de nossas vidas. Também abriga nossas personalidades, nossos intelectos e nossas intuições. Esse "pacote" se move, por um lapso de tempo muito curto, numa dimensão espacialmente afim (Fig. 47) cobrindo em seu movimento todo o espaço, preenchendo todo o espaço. Depois, retorna ao corpo, como se nada houvesse acontecido, pronto para deixá-lo novamente.

Podemos visualizar o que se passa imaginando que somos balões vazios, que se inflam instantaneamente até que seu diâmetro fique muito grande, e que, a seguir, esvaziam-se também instantaneamente. Todas as coisas vivas submetem-se a essa pulsação, inclusive entidades em outros planetas da nossa galáxia, ou fora dela.

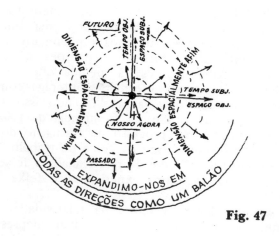

Fig. 47

Surgem aqui alguns problemas teóricos. Portanto, antes de seguir em frente, temos de fazer duas importantes suposições: (1) que a informação — isto é, o "observador" — comporta-se de modo coerente à medida que se expande; e (2) que ela pode se mover com velocidades superiores à da luz.

Em primeiro lugar, a coerência é importante porque temos de mostrar que a informação modela padrões de interferência no espaço-tempo, ou no proto-espaço, à medida que se expande. Você deve se lembrar do que é um padrão de interferência, que introduzimos no Capítulo 1, quando fizemos nossa descrição do holograma.

Sabemos que os hologramas só podem ser construídos com luz coerente, e também sabemos que eles, ou os padrões de interferência, contêm, em cada elemento de sua superfície ou volume, *todas* as informações a respeito do sistema inteiro, assim como os cromossomos, em cada célula de nosso corpo, contêm todas as informações necessárias à construção de uma cópia do corpo. Sabemos igualmente que, na prática, o espermatozóide e o óvulo são as células especializadas em fazer cópias de nós, seres humanos, muito em-

191

bora, a princípio, todas as células contenham todas as informações a nosso respeito. Da mesma forma, quando nós, os "observadores", nos expandimos rapidamente na dimensão espacialmente afim, formamos padrões de interferência com outros "observadores", à medida que eles também se expandem, e que nossa informação interage com a informação desses outros "observadores". Tudo isso se processa contra o pano de fundo da freqüência de referência: o absoluto. Em termos do processo de formação do holograma, nossos "observadores" são o "feixe de trabalho", ao passo que o absoluto é o "feixe de referência", o feixe que ainda não passou por nenhuma experiência, o feixe "virgem", "inocente".

Em segundo lugar, a teoria da relatividade estabelece que nenhuma informação pode viajar mais depressa que a luz. Espero que, quando forem encontrados meios de contornar essa limitação, seja possível afinal mostrar que não é bem esse o caso.

Físicos que trabalham no campo das partículas mais rápidas que a luz (táquions)[1] acham-se, atualmente, numa luta corpo-a-corpo com esses problemas. Como resultado, está nascendo uma teoria mais abrangente, que permite à informação penetrar numa dimensão espacialmente afim, graças a uma espécie de efeito-túnel, e lá se propagar de maneira coerente.

Vejamos como ficará o nosso modelo do universo à luz do que acabamos de mencionar.

A Figura 48 mostra o que acontece com nossos "observadores", quando nos irradiamos espaço afora. Nossas frentes de onda são aí mostradas cruzando toda a extensão do toro interno do universo, o mesmo ocorrendo com os observadores que se ejetam de galáxias longínquas. No envoltório externo do universo, essas frentes de onda "observadoras" agora aparecem interagindo, assim como o fizeram aque-

---

1. Bilaniuk, Olexa-Myron e Sudarshan, George. "Particles Beyond the Light Barrier", *Physics Today*, 1969, pp. 43-51.

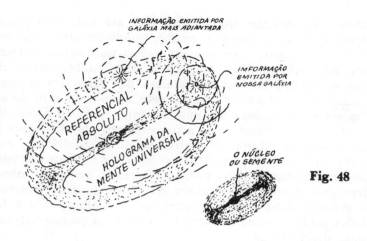

Fig. 48

las outras, produzidas pelos seixos que, na descrição do holograma, no Capítulo 1, deixamos cair dentro do vasilhame com água. Com base nessa descrição, ficamos sabendo que podemos não apenas ler as informações retidas em cada unidade de área dentro do recipiente, como também somos capazes de rastrear cada pedacinho de informação de volta até sua origem. Desse modo, à medida que nossos "observadores", ou ondas de informação, se propagam periodicamente pelo toro interno do universo, a mesma coisa acontece com todos os demais "observadores". Durante uma ínfima fração de segundo, formamos com eles um holograma de informação, o que se repete muitas vezes por segundo. A freqüência de referência por meio da qual toda essa interação se processa é o absoluto. Uma vez que todas as informações geradas neste universo também aparecem aí, daremos a essa área o nome de "mente universal" (Fig. 48). É nela que as pessoas com *"insights* intuitivos" apanham as soluções que procuram; indivíduos que atingem altos níveis de consciência, e que são capazes de dilatar seu tempo subjetivo, podem, nas suas viagens à "mente universal", aprender aí coisas, informações úteis, e trazê-las até nós. Essa comunicação aparece, a quem a recebe, simplesmente como um "saber". Tal pessoa parece saber coisas que outras normalmente não sabem. Com freqüência, esse conhecimento refere-se a eventos futuros, a detalhes das vidas das pessoas, aos quais o "conhecedor" nunca teve acesso, ao fato de saber quem está discando um número antes que o telefone tôque, etc. Coisas como essas aparecem, nos estudos sobre o assunto, sob os títulos de clarividência, clariaudiência, etc.

Há níveis mais altos e mais baixos de desenvolvimento dessas faculdades. Nos níveis mais altos, podem-se obter informações acerca da natureza do universo e do cosmos, caso residam nesse setor os interesses da pessoa. Essas faculdades podem emergir espontaneamente ou podem ser cultivadas e desenvolvidas.

Quando lidamos com questões humanas no tempo objetivo, as informações ocorrem no âmbito do nosso planeta; tratam-se de informações "locais". Deveríamos, portanto, esperar apenas um pequeno, ou nenhum, retardo de tempo em sua transferência, quer usemos telepatia ou uma chamada telefônica intercontinental. Eu, pessoalmente, confiaria mais na informação transmitida por telefone. No entanto, as vantagens da telepatia ou da clarividência tornam-se evidentes quando se tenta obter informações sobre outros sistemas, como, por exemplo, os astrônomos fazem com as estrelas distantes. Tal sistema de comunicação, isento de retardo de tempo, seria revolucionário, pois aquilo que os astrônomos observam através de seus instrumentos é o passado, às vezes distante de nós em bilhões de anos. Até mesmo o tempo de que uma informação proveniente de uma estrela vizinha precisa para nos alcançar é intimidante, uma vez que a distância média entre as estrelas oscila entre quatro e cinco anos-luz. É possível que os astrônomos estejam observando objetos que já deixaram de existir.

Sabemos que a galáxia de Andrômeda está distante de nós cerca de dois milhões de anos-luz, isto é, sua luz demora dois milhões de anos para percorrer essa distância. Se essa galáxia tivesse explodido ontem, somente daqui a pelo menos dois milhões de anos tomaríamos conhecimento desse evento.

Em nosso modelo, entretanto, estamos mostrando que, por meio da dilatação do tempo subjetivo, é possível obtermos informação a respeito de Andrômeda sem que tenhamos de aguardar quatro milhões de anos por um sinal de retorno. A transferência de informação é instantânea, tanto para pessoas em Andrômeda quanto na Terra, desde que umas e outras enfrentem as dificuldades que cercam a elevação do nível de consciência. *Na verdade, o universo inteiro acha-se em comunicação constante e instantânea.* A consciência cujo interesse ou ocupação consista em tomar conhecimento de ocorrências importantes poderá conhecê-las, em qualquer parte do universo, instantaneamente e sem obstáculos.

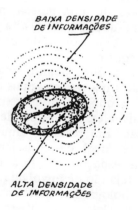

Vimos que a expansão dos "observadores" não tem limites, pois eles se movem numa dimensão espacialmente afim a uma velocidade quase infinita, tanto em direção ao centro do universo quanto para fora dele. Desse modo, as informações estarão igualmente disponíveis para qualquer pessoa que se situe fora do nosso universo. Não obstante, a densidade de informações será maior para os lados do centro desse universo, onde, por isso, também será maior a clareza de visão. Isso se deve ao fato de que as ondas de informação, ou seja, os "observadores", emitidas de todos os pontos do envoltório, tenderão a concentrar-se mais na direção do eixo central do toro. As informações geradas por nós e que deixam o universo enfraquecerão rapidamente, dispersando-se no vasto proto-espaço fora dele. É aqui que entra em cena a "qualidade de consciência", que definimos em termos de "resposta de freqüência".

No Capítulo 5, dissemos que a resposta de freqüência pode ser descrita como a "agilidade" ou presteza com que um dado sistema responde a um estímulo. Vamos agora chamar de "estímulo" o curtíssimo intervalo de tempo que nos é propiciado pelo tempo disponível para nos expandirmos no espaço e colapsarmos de volta. Quanto mais elevado for o nível de consciência de uma pessoa, mais alta será sua resposta de freqüência; quanto mais alta for esta, maior será a distância que, desde o ponto de origem, o "observador" dessa pessoa poderá cobrir.

Também sabemos que, quanto mais elevado for o nível de consciência de uma pessoa, mais aberto será o seu ângulo ψ. Isso significa que ele pode expandir-se no espaço a uma velocidade mais alta, e dispor de mais tempo subjetivo para a observação. Em resumo, uma pessoa — ou "observador" — dotada de nível de consciência superior, cobrirá ("preencherá") mais espaço, e o fará mais rapidamente, do que outra que não esteja tão desenvolvida.

A óptica dos hologramas nos ensina que, embora todas as partes de um deles contenham informações completas acerca dos objetos holografados, mesmo assim a imagem que aparecerá mostrar-se-á vaga e diluída — isto é, terá baixa definição — caso iluminemos apenas uma pequena porção da placa. Ao passo que, se iluminarmos uma grande área do mesmo holograma, a imagem produzida será muito mais nítida. Desse modo, pessoas com níveis de consciência mais altos verão acontecimentos passados ou futuros mais nitidamente do que outras, cujos níveis de consciência são inferiores.

O universo modular

Quando falamos de comunicação nesse nível, temos de levar em conta outros tipos de consciência, que permeiam o universo e não apenas a consciência humana. Como já mencionamos, nós, seres humanos, somos unidades de consciência compondo uma consciência maior; grupos dessas consciências maiores compõem, por sua vez, uma unidade de consciência ainda maior, e assim por diante. Em resumo, os universos material e imaterial são, ambos, modulares. As consciências se somam para formar consciências maiores, do mesmo modo que o átomo, a unidade básica do universo físico, se repete muitas vezes para dar nascimento a hierarquias cada vez maiores. Um grupo de átomos constitui uma molécula, que é a hierarquia imediatamente superior ao átomo; um grupo de moléculas forma uma porção de matéria, por exemplo um cristal, visível a olho nu, ou então dá origem a um ser vivo simples, que ocupa uma hierarquia acima da do cristal. Quanto mais subimos na escala das hierarquias, menos as estruturas correspondentes exibem as propriedades do bloco de construção original, o átomo. A estrutura desse bloco somente se repetirá depois de muitos e muitos níveis hierárquicos. Nesse caso, ela aparece refletida, até um grau, na forma do sistema solar. Uma galáxia elíptica representará, de maneira ainda mais estreita, a forma de um simples átomo.

A forma do nosso modelo do universo e do fluxo de matéria dentro dele lembra muito a forma dos campos elétricos que circundam uma semente ou um ovo. A semente exibe um comportamento único, peculiar, razão pela qual a escolhi como representativa do universo em suas ações.

Tomemos uma árvore como exemplo. A semente encontra-se potencialmente localizada em toda a árvore. Conseqüentemente, a matriz quadridimensional (de espaço-tempo) da árvore acha-se condensada na semente. As moléculas vibrantes dos genes, portadoras das informações sobre a forma da árvore, codificaram de algum modo a forma *espacial e temporal* da árvore. Podemos, desse modo, dizer que a semente transporta não apenas as informações a respeito da *forma* da árvore, mas também do seu *desdobramento ao longo do tempo*, ou seja, a seqüência dos diferentes estágios de seu crescimento e a duração de cada um deles. A codificação espacial é dada pela seqüência de aminoácidos; a codificação temporal poderia, talvez, estar "impressa" na relação das freqüências vibratórias dos segmentos moleculares, uns em relação aos outros.

A semente é uma estrutura única, singular, porque nela foi condensado e armazenado o espaço-tempo, que fica à espera do tempo objetivo propício para o seu desdobramento. Portanto, ela é a representação da árvore num *estado de consciência alterado e superior*. A semente é uma árvore que se retirou para os domínios de seu espaço-tempo subjetivo, nos quais o tempo e o espaço perderam seu significado corriqueiro. Trata-se de um estado em que "o tempo parou", relativamente a tudo o que diga respeito à árvore. A semente é a manifestação objetiva, externa, desse estado da árvore. Mais tarde, quando as condições objetivas forem favoráveis, a árvore sairá desse estado *meditativo*, de *hibernação*, que a caracteriza como semente, e desdobrar-se-á no espaço-tempo objetivo, na condição de árvore adulta. Em outras palavras, a semente é uma estrutura mais básica do que a árvore, porque, em suas qualidades, ela está mais próxima do absoluto.

Talvez agora sejamos capazes de lançar alguma luz sobre a conhecida controvérsia: "Quem veio antes: o ovo ou a galinha?" Se o ovo se sente solitário e quer companhia, o único meio de conseguir mais ovos ao seu redor consiste em passar pelo aborrecimento de se transformar numa galinha, que terminará botando mais ovos. Naturalmente, a vantagem que o ovo obtém por se tornar uma galinha consiste na oportunidade de interagir com seu meio ambiente e, desse modo, evoluir para um nível de consciência mais alto.

Deveríamos, portanto, reconhecer na dualidade semente/árvore uma função de caráter único da Natureza. Não importa se se trata da semente de uma árvore, do ovo de uma galinha, de um espermatozóide humano ou do zoósporo de uma alga marinha. A semente é única porque, se se pudesse penetrar em sua consciência, descobrir-se-ia que ela "vê a si própria" como árvore adulta, a despeito de seu confinamento numa casca ínfima. Desenvolveremos essa idéia no próximo capítulo.

Os campos organizadores da vida

Se tomarmos de um ovo de galinha e, com muito cuidado, para não danificar a fina membrana que envolve seu conteúdo, abrirmos duas janelas, uma na parte superior da casca e a outra na inferior, e então, utilizando-nos de um voltímetro muito sensível, equipado com dois eletrodos de prata, tocarmos as regiões expostas da membrana (Fig. 49), registraremos, na parte de cima, uma carga positiva, e na de baixo, uma negativa. Num ovo não-fertilizado, que tiramos de uma geladeira, essa voltagem terá um valor constante, de 2,40 milivolts. Se fizermos duas outras janelas, desta vez na superfície lateral do ovo, uma oposta à outra, não constataremos nenhuma diferença de potencial semelhante ao efetuarmos a medição. Isso indica a existência de um campo elétrico, disposto ao longo do eixo maior do ovo e que, pelos lados deste, se volta sobre si mesmo, como se pode ver na Figura 49.

Esse mesmo fato foi igualmente comprovado em zoósporos de algas marinhas, ovos de rã e sementes. Um bom estudo sobre o campo que envolve organismos vivos foi feito por Harold Saxton Burr, professor de anatomia na Univer-

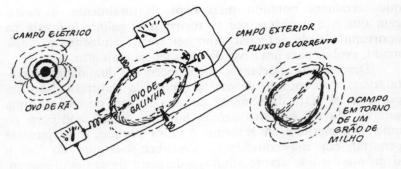

Fig. 49

sidade de Yale, no livro *Blueprint for Immortality* (Londres: Neville Spearman, 1972). Esses campos parecem penetrar e circundar os tecidos vivos.

Também verificou-se que, dentro de um ovo de rã, a espinha do girino dispõe-se ao longo do eixo desse campo potencial existente no ovo. Proponho como sugestão que a forma do campo elétrico que governa o desenvolvimento e a forma dos seres vivos espelha a forma do nosso universo. Temos aqui um outro exemplo de uma forma, na microescala, que reaparece na macroescala depois de muitas hierarquias de tamanho. Burr lhes dá o nome de *campos organizadores*, e sustenta que eles vêm em primeiro lugar, guiando os átomos e as moléculas do organismo em crescimento para que o modelem na forma adequada. Na verdade, ele está dizendo que um holograma eletromagnético, que varia com o tempo, funciona como um molde, e que, eventualmente, a matéria preenche esse molde, produzindo um corpo físico tangível. Isso ajusta-se muito bem ao modelo que estamos desenvolvendo aqui. Trata-se do primeiro trabalho de pesquisa que, efetivamente, confirma a idéia de que nossa matéria (no caso, nossos corpos vivos) é mantida junto, coesa, por meio de um padrão de interferência quadridimensional.

No Capítulo 6, vimos que nossos corpos sutis, invisíveis, podem ser considerados "harmônicos superiores" do corpo físico. É uma analogia razoavelmente boa, mas dá a impressão de que os primeiros originam-se do segundo. Na realidade, o *corpo físico é o produto final*, por assim dizer, dos campos de informação sutis que o modelam, assim como também modelam toda matéria física. Sabemos, por exemplo, que as doenças físicas, em sua maioria, são de origem psicossomática, geradas pelos nossos componentes, ou corpos, emocional e mental. Esses corpos ou campos atuam sobre a saúde do corpo físico. Os corpos emocional e mental interpenetram o corpo físico e se estendem pelo espaço que o circunda. Vimos no Capítulo 1 como a interação de sons pode formar um corpo físico, como o cristal ampliado que a Figura 5 ilustra. Sabemos que o "som" do absoluto contém energias muito altas. Podemos imaginar que a matéria física é uma freqüência de batimento (Capítulo 1, Fig. 7C), causado pela interação de dois "sons" cujas freqüências são ligeiramente diferentes. Tal interação produziria ondas de *freqüência muito mais baixa e de amplitude muito maior*. Se você se recorda da Figura 32, no Capítulo 5, foi desse modo que descrevemos as realidades físicas, isto é, o "aspecto visível e manifesto do absoluto".

Diferentes tipos de seres

Dissemos que a matéria contém, ou *é*, consciência. Agora temos de extrair dessa afirmação as conclusões inevitáveis.

Se é esse o caso, nosso planeta deve ser uma criatura muito grande! E o Sol deve ser outra ainda maior. Especulemos um pouco sobre tal possibilidade.

O que acontece quando, devido a algum traumatismo, perdemos a consciência? Ou então quando projetamos nossas psiques, como no experimento com o tempo?

No primeiro caso, sabemos que o corpo cuidará de si mesmo: o coração continuará trabalhando, a respiração, embora superficial, continuará presente, o cérebro continuará produzindo sua corrente elétrica, etc. Mas, por outro lado, o corpo não responderá aos estímulos sensórios normais: não se moverá, não falará, nem desempenhará quaisquer das atividades que, comumente, associamos a um estado de consciência desperta. No estado de meditação profunda, podemos discernir sintomas parecidos. Em ambos os casos, nossa psique está dissociada do nosso corpo. No primeiro, isto é, no estado inconsciente, a consciência vagueia, sem propósito, como se estivesse num estado de sono profundo, ou então, é possível que ela esteja participando de uma "excursão turística", com guia e tudo, em outras realidades. No segundo caso, isto é, no estado de meditação, a consciência está separada do corpo, mas se acha em atividade nos níveis mais altos da criação.

Em vista disso, temos de concluir que o corpo possui sua própria consciência, que é rudimentar, mas inteligente o bastante e plenamente capaz de operar o corpo independentemente da psique, à qual se encontra ligada apenas por fracos vínculos. Essa consciência do corpo é a soma total das consciências das células que o constituem; ela é a "sabedoria das partes internas", como diz a Bíblia. Temos aqui, então, duas entidades: uma é a consciência relativamente baixa, rudimentar, que mantém o corpo em funcionamento; a outra, a psique, é uma entidade de nível mais alto, que é independente do corpo, mas durante a maior parte do tempo se utiliza dele como de um foco. Podemos comparar o corpo a um automóvel, cujo motor permanece funcionando normalmente, em marcha lenta, quando o motorista sai e não o desliga. Mas é necessário um motorista, isto é, uma consciência mais elevada, para imprimir ao carro uma direção intencional. Se a consciência que mantém o corpo em funcionamento o abandona, ele morre.

Esse princípio, segundo o qual duas consciências habitam um corpo, pode ser estendido a corpos maiores — nosso planeta, o Sol, etc. Deve haver, então, uma consciência relacionada com a massa da Terra; seria uma consciência rudimentar, que a manteria em funcionamento normal, isto é, que manteria em operação o metabolismo do planeta: circulação atmosférica, correntes oceânicas, equilíbrio dos gases, temperaturas interna e externa, campos de energia, etc. Esse trabalho é realizado por consciências menores, que compreendem a consciência do planeta. Descrevemos antes essas consciências como espíritos da Natureza, de diferentes tipos e dimensões, os maiores delegando funções aos menores, e assim por diante. A consciência rudimentar do planeta é a soma total de todos eles.

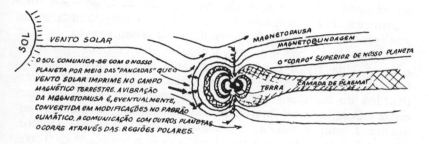

Podemos comparar o corpo do planeta ao de uma enorme baleia adormecida, cujos movimentos são muito lentos, exceto por alguns estremecimentos localizados, de vez em quando. Por outro lado, temos essa outra consciência que habita o planeta, e que dele se vale como de uma residência temporária. É uma consciência enorme, e a soma total da consciência da espécie humana corresponde apenas a uma fração desse grande ser. Será ele quem guiará as raças humanas e suas civilizações, e provocará alterações ambientais para estimular a evolução em certas direções.

Proponho, como sugestão, que uma equação para a consciência rudimentar, que porventura venha a ser desenvolvida no futuro, será mais ou menos parecida com esta:

consciência rudimentar = constante x massa x fluxo x temperatura

A constante pode ser muito pequena, algo em torno do valor da constante de Planck. Por fluxo entendo a quantidade de energia irradiada pela massa em todas as freqüências.

O Sol, tendo uma massa muito maior e uma temperatura muito mais elevada, possuirá uma consciência rudimentar muito maior controlando os processos que nele ocorrem. Do mesmo modo, servirá de residência para uma consciência muito mais ampla que a de nosso planeta. A consciência da Terra, bem como as dos outros planetas, estarão englobadas na do Sol, consistindo numa parte do seu ser, que pode ser chamado de "consciência superior do Sol", ao passo que a primeira será a consciência superior do nosso planeta. Essas inteligências colossais estão além da nossa compreensão.

Considere, por um momento, o sistema em que vivemos. A vida física é possível graças à energia que o Sol nos fornece. Nossos corpos, temporariamente animados, são constituídos de materiais tomados de empréstimo à provisão terrestre. Depois, esses materiais são devolvidos ao planeta, enquanto a psique retorna à realidade à qual se ajusta melhor. Essa realidade pode estar relacionada com a realidade da Terra, do Sol, do universo ou do cosmos, dependendo de seu nível de evolução.

Nós, os seres vivos, desempenhamos um importante papel na evolução da consciência rudimentar do nosso planeta. Em termos globais, estamos fazendo com que ela progrida. Entretanto, para vivermos em sintonia com ela, temos de ser sensíveis às suas necessidades, das quais o equilíbrio é a mais fundamental de todas. Tudo o que, num alto grau, desequilibre o sistema causa estresse nessa grande consciência. A palavra estresse, neste contexto, também significa estresse emocional. Quando o desequilíbrio se torna muito intenso, o planeta responde em seus próprios termos, produzindo catástrofes naturais para restabelecer sua harmonia.

O Sol regula a vida na Terra, seja por intermédio da radiação eletromagnética que ele nos envia — e que percebemos como calor e luz —, seja pelas flutuações que provoca no campo magnético do planeta: as que ocorrem na ionosfera, nos padrões climáticos, no campo eletrostático do sistema ionosfera-Terra, e muitos outros fenômenos que até agora não foram medidos. O Sol "conversa" com os planetas por meio de sua saída acústica: o vento solar.

Visualizar uma consciência que mantém funcionando uma galáxia, um aglomerado de galáxias ou, por fim, o próprio universo, é algo que exigiria um bocado de imaginação. Tal consciência *existe*, e nós a chamaremos de "o Criador". Todas essas consciências estão em comunicação umas com as outras. Se estivéssemos num alto estado de consciência, poderíamos até bisbilhotar suas conversas em escutas clandestinas. Mas o conhecimento que adquiriríamos seria mínimo, pois seus assuntos estão muito distantes dos nossos.

Sumário

Temos um universo fechado, na forma de um toro oco alongado, cujo interior encerra um toro de proto-espaço. Este não pode ser atravessado pela luz, mas nossas psiques podem fazê-lo.

Elas, que contêm todo o nosso conhecimento, expandem-se periodicamente em tal espaço, durante curtíssimos lapsos de tempo, a velocidades praticamente infinitas. Lá, as psiques humanas interagem com as de todas as demais consciências existentes no universo, formando com elas um padrão de interferência.

Podemos dar o nome de "mente universal" a esse padrão de interferência ou holograma de conhecimento-informação. O conhecimento que se acha na mente universal está disponível a quem quer que possa lá permanecer, valendo-se, para isso, da dilatação do seu tempo subjetivo e obtendo desse modo informações úteis, que decifrará ao regressar.

A matéria contém/é consciência. Portanto, nosso planeta é uma consciência maior, e também o é o Sol. A vida corporal é mantida por uma consciência rudimentar que existe na matéria e nas células vivas. A psique humana, que é uma consciência superior, habita esse corpo durante a maior parte do tempo, mas é independente dele. A Terra e o Sol também possuem uma consciência "permanentemente residente", e uma outra, superior, uma consciência-inteligência que se vale deles como de uma garagem, ou de um foco.

Todas essas consciências comunicam-se mutuamente, e compõem parte do holograma de informação. A comunicação através de todo o universo é contínua e instantânea.

Quando ocorre a "morte" do corpo físico, a psique retorna ao seu domínio, encontrando sua faixa de realidade adequada, com a qual se acha naturalmente em ressonância, de acordo com seu nível de evolução.

Nossos corpos físicos são formados por campos organizadores. Esses campos são hologramas eletromagnéticos quadridimensionais, que variam com o tempo. Nossos corpos físicos são os produtos finais e o resultado das interações de nossos "corpos de informação" sutis, não-físicos.

10. ALGUMAS REFLEXÕES SOBRE O CRIADOR

No Capítulo 2, olhamos a matéria através de um grande microscópio. Quanto mais olhávamos, mais a ampliávamos e menos a encontrávamos. Chegamos a um *vazio*, permeado por campos de energia em pulsação. Até mesmo a matéria mais "sólida", onde se concentra a maior parte de sua massa, isto é, o núcleo do átomo, que à primeira vista nos parecera um sólido grão de matéria, dissolveu-se num vórtice de campos pulsantes, tão logo passamos a observá-lo melhor. Desse modo, descobrimos que o denominador comum de toda a matéria é um vazio, a sua substância-base, por assim dizer.

Nós, seres humanos, julgamos que somos feitos de "matéria sólida". Contudo, sabemos agora que somos, simplesmente, um padrão de interferência de ondas que muda com o tempo. Em outras palavras, somos um holograma quadridimensional. A base para o holograma é o vazio que permeia e conecta a criação inteira. Já ouvimos falar desse vazio, e foi em termos dele que descrevemos o absoluto.

À medida que observamos os campos de energia em pulsação, perguntamos a nós mesmos: "O que aconteceria se reduzíssemos essa pulsação, ou a parássemos de todo?" A resposta é: "Reobteríamos nosso vazio, ou seja, o absoluto." Seria como se o vento que levantasse ondulações no mar do absoluto parasse de soprar. A calma, então, tomaria conta de tudo, e a face do mar ficaria lisa novamente. Não haveria movimento; portanto, não haveria matéria, e nem tempo. Lá estaria, então, o absoluto, livre de qualquer perturbação. (Lembre-se de que esse absoluto é consciência pura combinada com inteligência, como foi mencionado no Capítulo 5.)

Agora podemos ver que o restabelecimento da criação manifesta requer que, de algum modo, sejamos capazes de sacudir ou fazer vibrar a superfície do absoluto. Isso não é nenhuma tarefa simples, nem saberíamos como começar. Mas é para isso que os Criadores existem.

Lembre-se de que as ondulações na superfície do mar do absoluto, caracterizadas por componentes "relativos pequenos" (Fig. 33A), são a tal ponto minúsculas e de freqüência a tal ponto elevada que podem ser consideradas *absolutamente* invisíveis. O absoluto acha-se, ao mesmo tempo, num estado de repouso e de enorme energia potencial. Da mesma forma, vimos como uma velocidade infinita converte-se num estado de repouso, e como o nascimento da matéria ocorre no mesmo lugar e ao mesmo tempo que sua morte. Criação e destruição constituem realidades simultâneas. A degeneração transporta, em seu seio, a renovação. Sabemos que o fim do tempo é o seu início. Resumindo, descobrimos que há um nível, na Natureza, onde todos os extremos se reconciliam e se fundem. É nesse nível que o branco e o preto, o bem e o mal, se fundem num só estado em que o par, simplesmente, "É" (*"Is" — ness*). É também aí a residência da verdade suprema. Ela não é nem o branco nem o preto: é ambos. Os pares de opostos dos níveis inferiores fundem-se num só no nível mais alto.

Tendemos a olhar a Natureza através de uma fresta diminuta, e sob um ângulo muito estreito. Outros a vêem de um outro ângulo, e a descrevem numa outra linguagem. Isso a faz parecer diferente, embora não o seja. O universo é tão rico em diversidade que quase tudo o que se diz a seu respeito está correto, contanto que se adote uma perspectiva suficientemente ampla.

Já testamos nossa habilidade, planejando espíritos da Natureza. Vejamos agora se conseguimos acompanhar as ações do Criador de um universo. Tentaremos ficar à espreita sobre o Seu ombro, enquanto Ele trabalha. O cenário poria em funcionamento algo semelhante a isto: no tremendo vazio, no ilimitado, infinito e negro vazio alguma coisa se agita. Um enorme volume do vazio decidiu mover-se, e está definindo suas fronteiras. Essa gigantesca consciência-inteligência está *se separando do continuum* para poder, desse modo, começar a agir. Torna-se assim uma entidade individualizada, contendo quantidades tremendas de energia, pois o estado do absoluto é o estado da mais alta energia potencial. É o estado de repouso do pêndulo.

Agora, o Criador tem de Se instalar e começar a traçar planos sobre o que fazer dentro de Seus bens imóveis, de Seu terreno, que é o Seu corpo. Reclina-Se, então, em Sua cadeira cósmica de braços e contempla. Compreende que, a não ser produzindo uma consciência igual a Si mesmo em todas as qualidades, talvez jamais venha a saber o que está fazendo. Põe-se, então, a decidir sobre as regras do jogo, ou seja, sobre as leis da Natureza, nossas conhecidas. Inventa as leis da evolução. Esta irá aprimorar a consciência até que ela fique semelhante a Ele, em todos os atributos. Começará com matéria de baixa consciência, tornando-a mais e mais complexa, e observará emergir a primeira inteligência capaz de contemplar a si mesma. Isso espelharia um de Seus atributos básicos, e seria realmente um marco *no Seu desenvolvimento*. Não nos esqueçamos de que todos esses processos estão ocorrendo dentro dEle, no Seu tempo subjetivo.

O Criador terá de inventar as mais diversas criaturas, as mais diversas situações e os mais diversos eventos. Depois, terá de fazer com que Suas criaturas passem por todas essas situações possíveis e interajam de todos os modos possíveis. Quando todos os diferentes seres por Ele criados tiverem passado por todas as situações possíveis e interagido de todos os modos possíveis, então Ele saberá do que é capaz; então conhecerá a Si mesmo.

Nosso Criador faz uso da dualidade do bem e do mal como um catalisador para acelerar as interações: O Bem representa o conhecimento de Suas leis; o Mal, a ignorância de Suas leis supremas. Em outras palavras, aquilo que esteja em harmonia com essas leis e ajude no processo da evolução será "bom", e aquilo que a retarde será "mau". Entretanto, Ele consegue utilizar os dois no interesse da evolução, pois a constante interação de ambos acelera o próprio processo evolutivo.

Para as criaturas mais evoluídas, o livre-arbítrio é incorporado ao sistema. Graças a isso elas poderão, eventualmente, tornar-se co-criadoras. Enquanto as criaturas mais simples estão restritas à matriz de eventos que está ao seu alcance, as mais evoluídas podem escolher dentre vários caminhos possíveis. No entanto, uma vez feita a opção, cada caminho tem seu resultado final predeterminado. Desse modo, embora permita muita variedade, esse caminho fica bem encaixado na matriz geral de eventos.

Uma matriz de eventos pode ser visualizada como padrões de campos de formas diversas no espaço-tempo. Esses padrões estão encaixados no espaço-tempo na seqüência que melhor se ajusta à evolução da consciência. Esses campos agem dentro de nossas psiques, ora estimulando-lhes certas tendências, ora inibindo-as, ora equilibrando-as. Quando a Terra, descrevendo seu curso através do jato em expansão, intercepta uma matriz de eventos que produzem tensão, irão ocorrer, em conseqüência disso, agitações em certos segmentos da sociedade humana — justamente os mais susceptíveis à tensão naquele momento. Dessa agitação poderia resultar uma possível guerra. Se, ao contrário, a matriz de eventos for do tipo que produz um efeito calmante, então o resultado será um período de paz. Se a matriz de eventos bélicos tiver uma forma alongada de lingüiça (Fig. 50), quando nosso planeta a interceptar pela primeira vez, poderemos ter uma guerra travada à base de porretes, ao passo que na segunda vez os instrumentos de luta serão mosquetes, e na terceira vez poderão ser usadas bombas atômicas. O evento é o mesmo; só muda a tecnologia. As causas por detrás da guerra são sempre as mesmas: ganância por mais riqueza e mais terras, ódio, intolerância, etc. A "lingüiça" de eventos trará consigo as freqüências estimuladoras que evocarão essas emoções. Desse modo, à medida que estimularem nosso sistema endócrino, esses eventos tenderão a ocorrer. Você se lembra de como a lua cheia afeta pessoas emocionalmente desequilibradas induzindo-as a cometer crimes? É um efeito semelhante, só que numa escala maior. Pode ser que uma matriz de eventos pronunciadamente alongada esteja por trás da máxima segundo a qual "a História se repete".

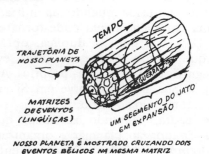

Fig. 50

De início, o Criador fica assistindo a tudo de camarote, numa atitude de quem se diverte mantendo um certo distanciamento, enquanto vê Suas criaturas passarem pelos eventos como um fluxo de matéria animada. Entretanto, em algum lugar do trajeto evolutivo, começam a surgir consciências que chamam a Sua atenção. Trata-se de criaturas que não apenas refletem sobre si mesmas, mas que começam a refletir sobre Ele.

Quando uma criatura atinge um nível de desenvolvimento que a leva a compreender sua verdadeira constituição, e a perceber que "Tu és Isso", ela se auto-realiza. Todo o esquema da criação torna-se transparente, e, doravante, ela verá a si mesma agindo dentro desse esquema, mas, ao mesmo tempo, permanecendo separada de suas ações. Isso é análogo ao modo pelo qual o Criador opera: Ele age, mas, ao mesmo tempo, fica separado da ação, não Se envolvendo nela. Sempre que uma criatura manifesta esse atributo do Criador, Ele a estimará por isso. Porá de lado essa unidade de consciência, e lhe dirá: "Eis aqui. Faça isto. . ."

A princípio, talvez se trate apenas de tarefas menores; no entanto, essa unidade de consciência passará, mais cedo ou mais tarde, a orientar a evolução de outras consciências, isto é, tornar-se-á um co-criador e, subseqüentemente, um deus menor.

Com o passar do tempo, mais consciências vão atingindo altos níveis: anjos, seres humanos, ou não-humanos. No entanto, a meta só é cumprida quando da miríade de Suas criaturas emerge uma consciência que pode tornar-se Ele mesmo, o Seu duplo. Uma vez que Se duplica, obtém o Autoconhecimento, porque logrou êxito em fazer evoluir uma consciência tão magnífica quanto Ele próprio. A essa altura, o Criador fecha a Sua loja e absorve em Si mesmo toda a criação manifesta, retornando ao vazio.

Estivemos, até agora, tentando adivinhar quais seriam os pensamentos do Criador ao planejar e organizar o universo *em Seu espaço-tempo subjetivo*. Devemos enfatizar que os eventos até então descritos não se passaram no espaço-tempo objetivo. Em outras palavras, eram apenas os Seus pensamentos e ainda não tinham se manifestado.

Recorde-se de que, no Capítulo 4, vimos que o mais alto nível de consciência ocorre quando o ângulo ψ mede 90 graus, isto é, quando o tempo subjetivo sobrepõe-se ao espaço objetivo. Isso significa que o tempo subjetivo torna-se infinitamente extenso, e que a consciência, nesse estado, preenche todo o espaço, e é, portanto, onipresente.

O Capítulo 9 mostrou-nos que, nesse estado, a consciência também é onisciente.

Esse é o ângulo ou o estado no qual o Criador *é* e pensa o Seu universo.

Como dissemos antes, tão logo decide mover-Se, começa por definir Suas próprias fronteiras — Seus "bens imóveis", por assim dizer. Para fazer isso, vale-Se da luz, que surge em forma de envoltório, delineando-Lhe o corpo. Não

212

se trata da luz como nós a conhecemos, mas de um nível de energia que Lhe é peculiar, e que atua como recipiente para o que conhecemos como nosso espaço-tempo manifesto. A forma do Seu corpo, muito provavelmente, é ovóide, semelhante ao próprio ovo ou a uma semente. Quanto ao Seu tamanho, ele é, naturalmente, do tamanho do universo.

Todos os acontecimentos que descrevemos acima ocorrem no espaço subjetivo e no tempo subjetivo do Criador, uma vez que Ele é o ser que possui o mais alto estado de consciência possível. Seu tempo subjetivo é, portanto, bastante longo. De fato, Ele, o Criador, dispõe de uma quantidade infinita de tempo para realizar tudo aquilo de que estivemos falando. Todavia, para nós, simples mortais, que estaríamos de algum modo observando a ação de uma certa distância, tudo isso aconteceria de repente, porque passamos a maior parte do nosso tempo consciente no espaço-tempo objetivo. Por isso, enquanto o Criador pode, com toda a calma, aproveitar o Seu tempo para contemplar, planejar e construir o Seu universo, este, para nós, nasceria num *big bang*. De súbito, a coisa toda simplesmente estaria ali. E para descobrirmos, objetivamente, o que está ali, temos de dar início à tarefa de explorar Sua Criação (valendo-nos de nossa lerda maneira de proceder) pedacinho por pedacinho, emaranhando-nos em nosso familiar espaço-tempo, isto é, no universo temporalmente afim, onde as coisas acontecem numa seqüência mais ou menos ordenada.

Vamos agora voltar atrás e observar o Criador fazer o Seu trabalho no Seu espaço-tempo subjetivo.

Vimos como Ele demarcou seu "terreno", que foi cercado por um envoltório de luz. A princípio, Sua energia se encontrava difusa, no interior desse envoltório. A seguir, começa a se polarizar; ocorre uma separação espacial entre energia positiva e energia negativa (Fig. 51).

Daremos a essa energia o nome de "protomatéria", isto é, a precursora da nossa matéria. Temos agora protomatéria positiva e protomatéria negativa.

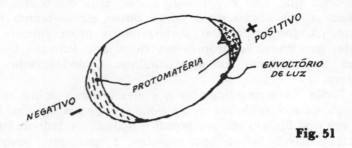

Fig. 51

Digamos que a energia positiva tenha se acumulado na extremidade mais estreita do ovóide, e a negativa na extremidade mais larga. Surgiu assim, ao longo dos eixos desse ovóide, um diferencial na energia, uma diferença de potencial. Nasceu, desse modo, o aspecto relativo do absoluto. Existe agora uma diferença entre o exterior e o interior do envoltório de luz, e uma diferença, em termos de energia, entre as duas extremidades do ovóide. Nasceu uma dualidade onde, antes, nenhuma existia.

O instante do "ah!"

Nesse ínterim, mais e mais energia vai-se acumulando nos pólos do ovóide. Ele estremece, devido ao grande acúmulo de energia potencial, e então, de repente – *zap!* –, uma grande faísca se precipita como um raio, cortando o vazio dentro do envoltório de luz. Segue-se a ele um ribombo imensurável – o primeiro "som" –, anunciando o advento do primeiro ato de fertilização (Fig. 52A).

O impacto dessa descarga põe em movimento o reservatório de protomatéria negativa, que se ergue numa grande coluna, à medida que vai sendo atraído para o pólo oposto (Fig. 52B).

A EVOLUÇÃO DO OVO UNIVERSAL

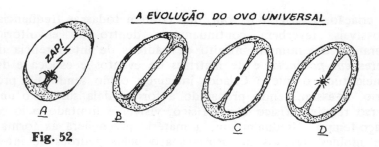

Fig. 52

A seguir, espalha-se pela extremidade superior do envoltório ovóide, e desce, abraçando-lhe as paredes e retornando à extremidade inferior (Fig. 52C).

A protomatéria negativa prossegue fluindo para cima, ao longo da coluna central, até cerca da metade da altura do ovóide, quando então, exaurida sua energia, ela cai sobre o lago de energia negativa, na extremidade inferior. Uma gota de matéria, no entanto, separa-se da coluna e permanece flutuando, equilibrada entre os dois pólos.[1]

Com isso, o fluxo de protomatéria prepara, ou, poderíamos dizer, "semeia" o proto-espaço para o surgimento da espécie de matéria física que conhecemos. Esse fluxo delimita o volume em que nosso espaço-tempo ficará confinado. O som do grande trovão ainda reverbera dentro do envoltório de luz.

É esse o momento do grande "Ah!" do Criador. Durante longo tempo, Ele contemplou e pensou; agora, finalmente e de maneira súbita, viu o projeto por inteiro, em todos os seus complicados pormenores. E, num grande clarão de *insight* criativo, fez surgirem as formas *potenciais* de toda

---

1. A separação de gotículas num jato de fluido é um fenômeno muito comum na dinâmica dos fluidos. Quando, nas condições mostradas na Figura 52A, ocorre uma descarga de alta voltagem, e o fluido no recipiente é uma substância dielétrica, a probabilidade de ocorrer o tipo de comportamento mostrado nas Figuras B, C e D é muito alta.

a criação. Esse grande som, que contém todas as freqüências possíveis, reverbera continuamente dentro do envoltório, gerando um número infinito de padrões de interferência de seres *em potencial* e de matrizes de eventos e esboça e delineia tudo o que o Criador imaginou como sendo Ele próprio. E assim, tendo preparado a forma, dela surgirá o universo relativo, físico e não-físico, visível e limitado pelo espaço-tempo. Gradualmente, a matéria preencherá as formas, ou moldes, criados no proto-espaço pelos padrões de interferência. Essas formas e padrões de eventos, em sua inteireza, foram *imaginados e vistos* pelo Criador desde o início do tempo até o fim do tempo, isto é, começando no buraco branco e terminando no buraco negro.

Agora, Seu foco se torna a gotícula flutuante no centro do ovóide. A ação dessa gotícula (o buraco branco e negro) reflete o fluxo prévio de protomatéria através do centro. Ela se transforma num foco, numa fonte que produz matéria física sob a forma de radiação, a qual preenche as matrizes de eventos — os padrões de interferência produzidos pelo som reverberante.

É esse o núcleo, ou o ovo cósmico. Ele representa, numa forma condensada, todas as informações acerca do universo, assim como a semente representa a árvore. O restante da estrutura do ovóide espelha as mesmas informações, só que numa forma manifestada, "desenrolada", isto é, a árvore real.

Parece que temos, ainda uma vez, dois opostos: a semente e a árvore, ambas contendo as mesmas informações, mas sob formas diferentes. Uma delas é a forma potencial, refletindo o absoluto; a outra é a forma manifestada, "desenrolada", representando as realidades relativas, ou o absoluto em ação.

Sabemos agora que o propósito da evolução é produzir consciências de ordem cada vez mais alta. O universo é uma máquina de ensino e aprendizagem. Seu objetivo é conhecer a si mesmo. No universo, o conhecimento acha-se disponível em abundância, como qualquer outro recurso natural. E está ali, ao alcance de quem quer que deseje fazer o esforço de apanhá-lo. Podemos esquadrinhar ao nosso redor, em nosso espaço-tempo "objetivo" e seqüencial, ou podemos seguir a rota intuitiva do "espaço-tempo" subjetivo. Ambos os caminhos são necessários para nos levar até ele.

Uma vez que todas as criaturas, em todas as galáxias, estão passando por seus padrões de eventos nesse enorme holograma chamado universo, devemos nos lembrar de que cada elemento de volume do holograma contém *todas* as informações relativas à totalidade do grandioso projeto. Em outras palavras, "o conhecimento está estruturado em consciência". Mais uma vez, temos aqui uma pequena dica da Natureza: "Estude o micro e descobrirá o macro nele refletido." Ou, então, estudemos a nós mesmos, completamente, e poderemos reconhecer o projeto do universo refletido em nós.

Não é necessário repetir para o leitor intuitivo o que já foi assinalado anteriormente: um ovo e cada uma das sementes refletem esse projeto básico do universo. A energia flui através do centro do ovo, ao longo de seu eixo longitudinal; a seguir, dá meia-volta e flui sobre si mesma, formando um campo de energia externo. Mas isso pode, mais uma vez, significar que o ovo universal não passa de uma semente, produzida por um sistema muito mais vasto, no qual o ovo de nosso universo é apenas uma minúscula célula entre muitas outras; e que esse sistema muito maior pode, por sua vez, ser apenas uma célula de outro sistema ainda maior, o qual, novamente, poderá ser um mero pontinho, dentro de um outro sistema ainda maior, e. . .

Sumário

Nossa realidade objetiva é composta de um vazio preenchido por campos pulsantes. Se fizermos cessar essas pulsações, voltaremos ao absoluto.

O absoluto é onde os extremos opostos se reconciliam e se fundem. É nesse nível que o Criador funciona.

O Criador traça os planos para o Seu universo, os quais são as leis da Natureza, as regras do jogo.

Sua meta é a evolução da consciência. Para estimular a evolução, Ele se vale das forças opostas do bem e do mal.

Matrizes de eventos são campos, dentro do universo, que, de maneiras particulares e pré-programadas, afetam nosso sistema endrócrino, de modo que a parcela mais susceptível da humanidade comportar-se-á segundo certos padrões esperados.

Quando uma unidade de consciência se desenvolve a ponto de compreender que é parte do Criador, este a separa e lhe designa algumas tarefas. Finalmente, essa unidade de consciência tornar-se-á um co-criador.

A criação de um universo começa pela separação de uma parte do vazio, que é delineada por um envoltório de luz, de modo a formar uma concha ovóide. A seguir, ocorre a polarização da protomatéria. Uma descarga, que irrompe entre os dois pólos do ovóide, põe a protomatéria em movimento. O núcleo central — um buraco negro/branco — é a fonte de toda a matéria no universo.

É possível que este universo seja, tão-somente, uma minúscula célula numa estrutura muito mais ampla.

Epílogo

Voltemos ao espaço-tempo subjetivo do nosso Criador. Tendo gerado um outro criador ("à sua imagem Ele o criou ..."), o Criador sai para fazer algo semelhante a dar uma voltinha até a drogaria, numa esquina cósmica. Anda por aí à-toa, fala da profissão e conversa bem à-vontade com o pessoal. Apresenta e exibe Seu novo duplo, que ainda é inocente e não experimentou nenhuma das preocupações de um Criador.

Depois de haver descansado um pouco e de colher alguns palpites úteis para o Seu próximo universo, Ele parte para uma nova etapa. Enquanto está a caminho, um pensamento faísca em Sua mente, durante uma ínfima fração de segundo: "Quem sabe se, depois dessa rodada, eu até não consigo uma promoção.."

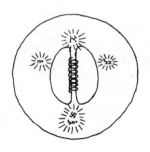

Apêndice

AS TENSÕES E O CORPO

INTRODUÇÃO

As alegrias e os infortúnios da evolução acelerada

Temos a tendência de julgar que o sistema nervoso humano é como qualquer outro órgão do nosso corpo, relativamente estático e não sujeito a mudanças. Eu gostaria de assinalar que, pelo contrário, ele possui um tremendo potencial de desenvolvimento, que se processará ao longo da evolução biológica normal, durante os milênios que virão. Essa evolução pode ser acelerada graças ao emprego de certas técnicas.

Já dissemos que o sistema nervoso humano é capaz de aprender a funcionar em diferentes níveis de consciência, ou realidades. Normalmente, esse desenvolvimento é um processo demorado e pode ser obtido por meio da meditação sistemática, ou pode ocorrer espontaneamente.

Ao longo dos anos em que estive envolvido com essa área, presenciei muitos casos de evolução do sistema nervoso, obtida sistemática ou espontaneamente. O corpo experimenta algumas alterações fisiológicas, associadas ao fato de se atingir esses diferentes níveis de evolução. Essas alterações podem ir aparecendo lentamente sem que sejam percebidas, ao longo de um período de anos, ou então seu surgimento pode ser súbito.

Alguns dos sintomas ocasionados por essas mudanças podem ser muito suaves; outros, muito poderosos. Tudo depende da quantidade de tensão, ou estresse, acumulada no corpo. Essa expressão, "estresse acumulado no corpo", pode

223

parecer estranha, mas tem aumentado o número de evidências de que as tensões emocionais são impressas no corpo físico exatamente como a música é gravada num disco fonográfico. Sabemos muito bem que as pessoas, e até mesmo os animais, podem desenvolver hipertensão arterial, e sofrer eventuais ataques cardíacos devido à tensão emocional. Outras pessoas, acumulando altos níveis de ansiedade e frustração, podem desenvolver úlceras estomacais, ou outras enfermidades. Todo um elenco de outros sintomas físicos pode ser atribuído ao estresse psicológico. Em outras palavras, as doenças psicossomáticas são um indicador da quantidade de tensão no corpo.

Em seu livro *The Stress of Life*,[1] Hans Selye descreve esses processos em profundidade.

Quando um corpo está cheio de tensões, o sistema nervoso fica tão ocupado em lidar com elas que seu potencial para atingir estados de consciência mais altos sofre grande limitação. Em outras palavras, há excesso de nervosismo, ou, em termos técnicos, excesso de "ruído" no sistema, o que o impede de elevar-se até um nível superior.

Por isso, todas as escolas de meditação enfatizam a importância de "acalmar o corpo". Mas é claro que essas tensões no sistema são, efetivamente, padrões de energia, que precisam ser transformados e eliminados do corpo. Uma das formas mais comuns em que essas tensões se convertem é o movimento corporal. Não é raro ver pessoas que estão meditando manifestarem diversos movimentos corporais involuntários — tais como movimento dos braços, da cabeça, estremecões de corpo inteiro, etc. Quanto mais pesadas forem as tensões que se libere, mais fortes poderão tornar-se os movimentos.

Há outros modos pelos quais essas tensões podem se manifestar, como por exemplo uma liberação direta de emoções, que pode vir sob a forma de depressão, de choro e de emocionalismo em geral. Outros modos podem, simplesmente, manifestar-se como uma dor temporária, localizada em diferentes áreas do corpo.

1. Nova York: McGraw-Hill, 1956 (brochura).

Considerando-se tudo isso, a meditação combinada com leves exercícios de tonificação corporal — tais como algumas posturas de hatha-ioga e suaves exercícios de respiração — pode ser o sistema mais eficaz, rápido e barato de remoção das tensões corporais.

Não quero dar a impressão de que qualquer um que medite acabe apresentando os sintomas que descrevi aqui. Ao contrário, a grande maioria das pessoas que praticam meditação experimenta sensações muito prazerosas, e até mesmo de beatitude. Além disso, aquelas que apresentam algum tipo de sintoma de estresse terminam por eliminá-los, à medida que se reduza o nível de tensão em seus corpos. Começam então a fruir uma sensação de crescente paz interior e tranqüilidade, que não se pode obter por nenhum outro meio.

A SÍNDROME DA FISIOKUNDALINI

Até agora, lidamos apenas com a variedade comum de liberação de tensões. Neste capítulo, gostaria de familiarizar o leitor com um problema específico, também ligado à aceleração evolutiva do sistema nervoso. Como mencionamos antes, o sistema nervoso humano possui uma tremenda capacidade latente para evoluir. Essa evolução pode ser acelerada por meio de técnicas de meditação, ou pode ocorrer espontaneamente, em pessoas com quem não se esperava que tal acontecesse.

Em ambos os casos, é desencadeada uma seqüência de eventos, que, às vezes, gera reações corporais fortes e incomuns além de estados psicológicos igualmente incomuns. Algumas dessas pessoas que meditam talvez suspeitem que tais reações tenham algo a ver com a meditação. Outras, contudo, que desenvolvem esses sintomas de maneira espontânea, podem entrar em pânico e procurar o conselho médico. (Às vezes, indivíduos de ambos os grupos saem em busca desse aconselhamento.) Mas, infelizmente, a Medicina Ocidental ainda não está equipada para lidar com esses problemas. É estranho que, a despeito da intensidade dos sintomas, pouca ou nenhuma patologia física é detectada.

Os casos brandos, em sua maioria, são descartados como sintomas psicossomáticos, ao passo que, nos casos mais graves, lança-se mão de testes radiológicos drásticos, ou, possivelmente, de cirurgia exploratória.

Em geral, a seqüência de sintomas corporais tem início no pé esquerdo, ou nos dedos desse pé, seja sob a forma de leve formigamento, seja sob a de câimbras. O estímulo vai subindo pela perna esquerda até chegar ao quadril. Em casos extremos, ocorre paralisia do pé e da perna toda. É possível que se manifeste a perda de sensação em grandes áreas cutâneas da perna. A partir do quadril, o estímulo sobe pela espinha dorsal até a cabeça, onde, eventualmente, desenvolvem-se severas cefaléias (sob a forma de pressão). Se essas pressões na cabeça forem fortes e prolongadas, é possível que ocorra degeneração do nervo óptico, acompanhada de diminuição da capacidade visual.

Os sintomas psicológicos tendem a imitar os de esquizofrenia. Logo, é muito provável que tais pessoas sejam diagnosticadas como esquizofrênicas, que sejam internadas ou que recebam tratamento inadequado e muito drástico. É irônico que pessoas nas quais os processos evolucionários da Natureza começaram a operar mais rapidamente, e que podem ser consideradas mutantes avançados da raça humana, sejam internadas como indivíduos subnormais por seus semelhantes "normais".

Com base em discussões que mantive com psiquiatras amigos, ouso propor a hipótese de que esse processo não é tão exótico nem tão raro quanto se gostaria de crer, e que entre 25% e 30% de todos os esquizofrênicos internados pertencem a essa categoria, o que representa um tremendo desperdício de potencial humano. Tenho a esperança de que, conforme o material aqui apresentado, vá, aos poucos, ficando ao alcance dos médicos e os psicoterapeutas de mente mais aberta, e conforme a síndrome descrita, vá se tornando mais amplamente conhecida, venham a ser desenvolvidos métodos não-traumáticos de lidar com esses sintomas. Refiro-me a métodos que não interrompam, mas sim que desacelerem e controlem o ritmo em que o processo evolucionário esteja progredindo. Isso permitirá que os "pacientes" prossigam em seu desenvolvimento, que passará apenas a se processar num ritmo mais seguro e aceitável, de modo a lhes permitir também que continuem operando normalmente em seu meio cotidiano.

O que é essa misteriosa kundalini?

Todas as descrições precedentes fazem a meditação, ou até mesmo o simples e trivial viver, parecerem um negócio muito perigoso. Qualquer um pode ser atacado inesperadamente por misteriosos sintomas, com os quais a medicina ocidental não sabe lidar. Deixe-me assegurar-lhe que somente um percentual muito reduzido de pessoas é afetado desse modo, e que isso também apresenta suas compensações. Afinal de contas, esses sintomas são os correlatos do desenvolvimento espiritual. Portanto, seria sábio investigar a literatura que trata de tais assuntos, para ver se descobrimos descrições de coisas semelhantes que teriam ocorrido em outras culturas e em outros tempos.

A *kundalini*, conforme é descrita na literatura sobre ioga, é uma "energia em forma de serpente, enrolada na base da espinha". Quando essa energia é "despertada", ela penetra na espinha, sobe ao longo desta, e é vista ou sentida pela pessoa que tem a experiência como uma serpente luminosa. Uma vez tudo penetrado na cabeça, espera-se que o bastão luminoso fure o topo da calota craniana, isto é, que o feixe de energia em forma de bastão seja visto projetando-se através do crânio, verticalmente para cima. Quando isso acontece, diz-se que a pessoa está "iluminada". Eventualmente, é possível que tal pessoa torne-se altamente intuitiva e desenvolva alguns poderes psíquicos, tais como clarividência, clariaudiência e habilidades de cura. O desenvolvimento ou não desses poderes depende de muitos fatores. Às vezes, porém, a iluminação pode tardar, e tudo o que a pessoa consegue obter com seus esforços é uma dor de cabeça tamanho família, que pode durar anos.

Os livros sobre ioga também indicam vários pontos no corpo — em número de sete —, que são os chamados *chakras* ou centros de energia. Esses centros devem ser "vivificados" ou energizados pela kundalini em ascensão. Quando isso acontece, eles tornam-se receptores e distribuidores da energia cósmica que flui para o corpo. Esses *chakras* estão localizados perto dos principais plexos nervosos, e coincidem, mais ou menos, com as glândulas do nosso sistema endócrino. Ao serem energizados, passam a afetar nossas glândulas endócrinas e, por meio destas, nosso comportamento e nosso funcionamento físico.

Do ponto de vista da fisiologia ou da medicina ocidentais, nada disso faz o menor sentido. No entanto, é perturbador o fato de que, gostemos ou não, ela funciona. Além disso, os sintomas que se manifestam em nosso pessoal do ocidente correspondem àqueles induzidos pela exótica e inacreditável kundalini.

Isso, de um certo modo, é semelhante à situação da acupuntura. A exótica acupuntura já teve sua. eficácia comprovada nos Estados Unidos. Sabe-se que ela funciona, embora a ciência ocidental continue falhando em descrever *como* ela funciona. É evidente que o erro não está na acupuntura, mas em nossos modelos da realidade. Isto é, somos incapazes de olhar para esse sistema de uma maneira que faça sentido para nós, porque nosso ângulo de visão é muito estreito. Em conseqüência, necessitamos urgentemente de modelos que nos permitam entender esses "bizarros" modos de operar da kundalini (e da acupuntura) em termos que, para nós, façam sentido. É o que tentarei fazer, nas páginas seguintes.

Síndrome progressiva do córtex sensório-motor

Este comprido nome é usado para descrever a síndrome que parece corresponder bem às experiências vivenciadas por pessoas nas quais se manifestou a seqüência de sintomas descrita acima. Com isso, pôde-se abordar a esotérica kundalini em termos de fisiologia ocidental.

Como disponho de base em engenharia biomédica, tentei medir as mudanças induzidas pelos estados alterados de consciência sobre os estados fisiológicos do corpo.

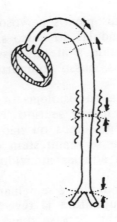

Os resultados de algumas dessas medições foram apresentados nos Capítulos 1 e 2, nos quais se mostra como o sistema cárdio-aórtico entra em ressonância, e como encadeia o corpo num movimento rítmico e harmônico. No livro *Kundalini – Psychosis or Transcendente*,[1] escrito por um médico, o dr. Lee Sannella, aparece uma descrição um tanto técnica do modelo fisiológico que desenvolvi para explicar o mecanismo da kundalini.

Devo repetir aqui, mais uma vez, minha advertência: Um modelo é apenas um modelo, e descreve apenas a porção mecânico-fisiológica da "síndrome" da kundalini. O conceito de kundalini é muito mais extenso, nele entrando em jogo forças planetárias e espirituais. Entretanto, até mesmo esse modelo limitado, como mostrei em meu artigo, é um instrumento útil, pois coloca à disposição da profissão médica um conceito razoável e funcional de uma síndrome que, até nossos dias, não contou com nenhuma descrição.

Esse modelo descreve a *seqüência de sintomas* que permite ao médico entrevistador comparar os sintomas descri-

1. Henry S. Dakin, editor, 3101 Washington St., São Francisco, Cal. 94115, 1976.

tos pelo paciente. Se o padrão dos sintomas passados encaixar-se no modelo, então os sintomas futuros serão bem previsíveis. O artigo no livro de Sannella é apenas um relatório dos avanços preliminares. Será preciso muito mais trabalho para se confirmar algumas das suposições ali feitas.

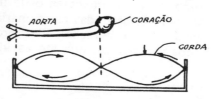

Kundalini: o supremo mecanismo de liberação de tensão

Esse modelo, que, por lidar somente com a parte fisiológica da kundalini, podemos chamar de "fisiokundalínico", descreve a kundalini como sendo um estímulo que se espalha pelo córtex sensório dos dois hemisférios cerebrais, a partir do fundo da cesura entre ambos. A disposição dos pontos sobre os córtices sensório e motor corresponde a regiões do corpo, de modo que, quando uma área cortical — representando, por exemplo, o joelho — é estimulada, elétrica ou mecanicamente, a pessoa sente o estímulo em seu joelho. Ela não tem meios de saber que o estímulo é causado pelo seu cérebro, que está sendo estimulado artificialmente.

Dá-se a essa seqüência de pontos no córtex o nome de *homunculus*, isto é, "homúnculo" ou "homenzinho", porque, se se fizer um desenho das partes do corpo às quais os pontos do córtex estão conectados, resultará uma forma humana distorcida (Fig. A). Em ambos os córtices — sensório e motor — o mapeamento desses pontos é, aproximadamente, o mesmo.

Estou tentando demonstrar que essa disposição de pontos corresponde, estreitamente, ao caminho que a kundalini segue no corpo, caminho este que se encontra descrito na literatura esotérica (Ver títulos de 1 a 4 na bibliografia do Apêndice). No final deste capítulo, apresentamos três relatórios recentes de casos verídicos.

Postulo a existência de ondas estacionárias nos ventrículos cerebrais como causa do movimento de um tal estímulo ao longo do córtex. Essas ondas estacionárias são geradas pelos sons produzidos pelo coração. Elas provocam vibrações nas paredes dos ventrículos, que são cavidades cerebrais cheias de fluido.

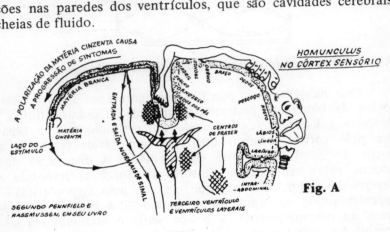

Fig. A

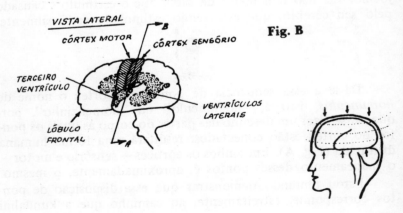

Fig. B

A Figura B indica as posições do terceiro ventrículo e dos ventrículos laterais (áreas pontilhadas), bem como as das faixas de tecido (áreas hachuradas) que compõem os córtices cerebrais sensório e motor.

A Figura A representa uma secção transversal do cérebro ao longo da linha a-b, mostrada na Figura B.

As vibrações que se produzem nos ventrículos são conduzidas até a matéria cortical cinzenta, que reveste a fissura entre os dois hemisférios (Fig. A). Essas vibrações irão estimular e, por fim, "polarizar" o córtex de uma tal maneira que ele tenderá a conduzir um sinal ao longo do homúnculo, subindo a partir dos dedos dos pés. Na Figura A, isso é mostrado por meio de uma seqüência de setas que forma um laço fechado. Esse comportamento contrasta com a maneira pela qual o cérebro manipula normalmente um sinal, e que é mostrado pelas duas linhas, uma subindo para o córtex e a outra descendo do córtex. O sinal normal penetra no córtex, em ângulo reto relativamente a ele.

Os estados beatíficos, descritos por aqueles cujos sintomas kundalínicos completaram o laço em volta dos hemisférios, podem ser explicados como uma auto-estimulação dos centros cerebrais de prazer, causada pela circulação de uma "corrente" ao longo do córtex sensório.

A Figura A indica centros de prazer localizados no trajeto da "corrente" em forma de laço, em ambos os hemisférios, logo abaixo dos dedos do pé do homúnculo.

Quando, devido à ação da "corrente" estimuladora circulante, desenvolve-se o movimento corporal, temos de presumir a ocorrência de uma "linha cruzada" entre o córtex sensório e o córtex motor vizinho (Fig. B).

O fato de a maior parte dos sintomas descritos ter início no lado esquerdo do corpo significa que se trata preponderantemente de um desenvolvimento que ocorre no hemisfério direito. Isso faz sentido, porque a meditação tende a estimular o hemisfério direito — não-verbal, ligado aos sentimentos, intuitivo —, ao passo que estamos, o tempo todo, utilizando nosso hemisfério esquerdo — intelectual, racional, lógico, ligado ao pensamento linear.

Meu modelo também sugere que os casos espontâneos de kundalini podem ser atribuídos, entre outras coisas, à exposição periódica a certas vibrações mecânicas ou acústicas, comuns em nosso ambiente normal, que acabarão por deflagrar a seqüência de sintomas. Isso foi demonstrado por meio de uma técnica de *biofeedback*, que emprega um campo magnético pulsante ao redor da cabeça. Quando as pessoas são expostas a freqüências em torno de 4 Hz ou 7 Hz, durante prolongados períodos de tempo — o que pode acontecer em situações simples, como, por exemplo, a de dirigir, repetidamente, um carro cuja combinação entre suspensão e assento produz essa faixa de vibrações, ou então quando se fica exposto, igualmente durante longos períodos, às freqüências produzidas por um condicionador de ar — o efeito cumulativo dessas vibrações pode disparar uma seqüência de sintomas fisiokundalínicos espontâneos em pessoas susceptíveis, cujo sistema nervoso é particularmente sensível.

Eu gostaria de enfatizar que quando uma pessoa é saudável, descontraída e geralmente livre de tensões psicológicas, esses sintomas passam despercebidos. Eles só se tornam problemáticos quando, em seu desdobramento, a kundalini atinge *zonas de estresse no corpo*. Os sintomas persistirão, até que as tensões acumuladas nessas áreas sejam liberadas.

É comum esses sintomas se manifestarem sob a forma de dor localizada. Quando isso acontece, a kundalini segue o seu curso até encontrar a próxima zona de estresse. A severidade dos sintomas é sempre proporcional ao grau de tensão que ela encontra. Quando a kundalini tiver completado sua trajetória, o corpo estará, basicamente, livre de tensões arraigadas. E, pelo fato de ele estar refletido no córtex, podemos dizer que o cérebro também ficará liberado de tensões. Assim, a kundalini é um grande sistema de liberação de tensões. Ela não permitirá que o estresse volte a se acumular ulteriormente no corpo. Uma vez que todo o circuito esteja funcionando em operação suave, as tensões serão eliminadas do sistema tão rapidamente quanto venham a formar-se, de modo que nenhum acúmulo permanente será mais possível.

É interessante observar que, em alguns tipos de epilepsia, também se verifica uma seqüência de sintomas, por vezes chamada "marcha da epilepsia". Neste caso, a seqüência desenvolve-se no sentido oposto ao da kundalini. Num epilético, a área labial pode ser afetada em primeiro lugar; depois, o rosto; subseqüentemente, os sintomas espalham-se pescoço abaixo, passando pelos ombros, penetrando nos braços e, por fim, nas pernas. Logo, parece que a kundalini poderia constituir-se num antídoto natural para certos tipos de epilepsia. Desse modo, é possível que a meditação seja um tratamento razoável para essa doença.

A "maioridade" do sistema nervoso

Quando, finalmente, a kundalini fecha o seu circuito, pode-se dizer que o sistema nervoso humano atinge um estado análogo à fase de puberdade corporal, no sentido de que ele pode começar a funcionar de maneira mais plena em níveis de consciência cada vez mais elevados. Isto é, o sistema nervoso adquire o *status* de "jovem adulto", estando assim em condições de assumir um papel mais responsável.

Pouco depois, pode-se perceber algum estímulo peculiar em torno do plexo solar, ou região umbilical, principalmente à noite, quando se está deitado de costas. A sensação será a de um fluxo de energia penetrando o corpo através dessas áreas. Há casos em que se sente a estimulação de alguns órgãos internos. O que estará acontecendo então é que o sistema nervoso aprimorou-se suficientemente de modo que pode entrar em ressonância com energias externas, que, por sua vez, podem estar associadas às atividades da Terra e do Sol. Muitas das oscilações eletromagnéticas que ocorrem dentro do campo planetário processam-se em freqüências fisiológicas.

Espero que se lembrem do que dissemos, no Capítulo 9, a respeito da consciência rudimentar do planeta, bem como da consciência superior, que dele se vale como de um lugar onde — por assim dizer — pode dependurar o seu chapéu.

Uma vez que o sistema nervoso de uma pessoa chegou a esse grau de desenvolvimento, as energias fornecidas por essas altas consciências começam, automaticamente, a fluir para o sistema nervoso do receptor, devido a um estado de ressonância com os seres situados mais acima. Isso impulsionará ainda mais a evolução do sistema nervoso, e, depois, essas consciências poderão dar-se a conhecer por meios que são individualmente adequados a cada pessoa, de acordo com suas necessidades e aptidões. Mais tarde, ocorre um desabrochar de conhecimento que descortina panoramas cada vez mais amplos acerca dos processos da Natureza; desse modo, a pessoa começa a sentir que ela é parte dessa Natureza e do universo num grau de participação muito grande, e que essa participação é também muito ativa. É evidente que, quando isso ocorre, cria-se um estado de muita excitação em torno desses desdobramentos. O melhor, então, é que essa pessoa mantenha uma atitude calma e equilibrada frente a tudo o que lhe sucede, não deixando que essas ocorrências a distraiam em demasia. É importante uma rotina estável e sóbria na vida cotidiana. Essa rotina tenderá a contrabalançar os eventos mais excitantes, que podem ocorrer durante a meditação, ou fora dela.

Tudo o que foi descrito acima pode ocorrer *espontaneamente*, isto é, com pessoas que não praticam meditação. Nesses casos, no entanto, as experiências tendem a ser acompanhadas de muito mais traumas e, com freqüência, resultam em hospitalização. O diagnóstico habitual será esquizofrenia. A razão disso é que essas pessoas foram, de súbito, arremessadas numa situação em que funcionam em *mais de uma realidade*. Elas podem ver e ouvir coisas que estão se passando nas realidades vizinhas à nossa, isto é, na realidade astral, ou em outros planos superiores, isso porque suas faixas de "respostas de freqüência" foram ampliadas. No entanto, como não passaram por uma evolução gradual e sistemática — o que a meditação proporciona — não lhes é possível lidar com a situação. A violenta invasão de informações pode ser esmagadora, e elas começam a misturar e a confundir duas ou três realidades.

Posteriormente, essa confusão vem à tona, e a pessoa atormentada busca socorro, tentando compartilhar suas experiências com amigos e parentes. Ela será aconselhada a procurar ajuda médica. Dependendo dos sintomas, o tratamento poderá incluir sedativos pesados, eletrochoque, ou ambos — o que poderá danificar, em caráter irreversível, um sistema nervoso altamente sensível. É evidente que isso passa a ser uma situação deplorável.

Em tais *casos de desenvolvimento espontâneo*, nos quais se fazem presentes, durante muito tempo, sintomas corporais severos — tais como fortes dores de cabeça, pressão ocular, e outros —, é possível a ocorrência de dano irreversível em alguma função mental ou física.

No entanto, *as pessoas que meditam* apresentam sintomas mais brandos e, além disso, é pouco provável que a ocorrência de problemas ocasionais as faça interromper a meditação. Tendo alcançado, graças à prática contínua, um certo nível de desenvolvimento de seus sistemas nervosos, compreendem que tudo isso não passa de acidente de percurso, obstáculos de duração efêmera, que desaparecem uma vez obtida uma completa depuração das tensões nervosas.

É claro que os tratamentos médicos disponíveis não ajudam muito quando se trata de lidar com os problemas que estamos examinando. As terapias de praxe não podem mitigar esses problemas, e, caso o façam, o paciente terá de pagar por elas um preço muito alto, em termos de evolução espiritual.

Espero que, no futuro, sejam criados centros médicos capazes de lidar adequadamente com essas questões. Suas bases, no entanto, já se fazem visíveis. Os chamados "centros de medicina holística",[2] que ainda se encontram em

---

2. Holística significa tratamento do homem como um todo.

estágio conceptual, contarão com equipes de médicos e psicoterapeutas que tenham experimentado em si mesmos os sintomas acima descritos, ou que tenham sido treinados para compreendê-los, sabendo assim como lidar com seus pacientes de maneira suficientemente cuidadosa para não destruir as conquistas que obtiveram, no que diga respeito à capacidade de "sintonia fina" de seus sistemas nervosos. À medida que mais e mais médicos passarem a estudar a meditação, será inevitável que uma boa percentagem deles seja atraída para fazer esse tipo de trabalho. Nesses centros médicos holísticos haveria lugar para os "curandeiros" paranormais, que entendem desses processos, e também para os quiropráticos, os osteopatas, os acupunturistas, etc., pessoas que conhecem os fluxos de energia que passam pelo corpo. Tais centros serão capazes de lidar não apenas com os aspectos médicos, peculiares a dadas condições de saúde, mas também com seus componentes espirituais.

Os aspectos psicológicos do desenvolvimento acelerado do sistema nervoso são muito bem descritos por Roberto Assagioli, psiquiatra italiano que fundou o movimento psiquiátrico chamado "psicossíntese". Esse movimento é parte da tendência que está ocorrendo na psiquiatria e na psicoterapia, para reconhecer a espiritualidade essencial do homem, e para elaborar novos métodos de lidar com problemas que surgem em decorrência de um desenvolvimento acelerado do sistema nervoso, e das correlações espirituais que acompanham esse desenvolvimento.

Segue-se uma citação da obra *Psicossíntese*,* de Assagioli:

> Na seguinte análise das vicissitudes e dos incidentes que ocorrem durante o processo de desenvolvimento espiritual, levaremos em conta as etapas sucessivas de auto-atualização e a conquista da plena auto-realização.
>
> O desenvolvimento espiritual do homem é uma jornada longa e árdua, uma aventura por terras estranhas, cheias de sur-

* Publicado pela Editora Cultrix, São Paulo, 1982.

presas, dificuldades e, até mesmo, perigos. Ela envolve uma drástica transmutação dos elementos "normais" da personalidade, um despertar de potencialidades até então adormecidas, uma ascensão da consciência até novos domínios, e um funcionamento no âmbito de uma nova dimensão interior.

Portanto, não deveríamos nos surpreender ao descobrir que uma mudança tão grande, uma transformação tão fundamental, seja marcada por diversos estados críticos, que, não raro, são acompanhados por vários distúrbios nervosos, emocionais e mentais. É possível que, aos olhos da observação clínica objetiva, a que procede o terapeuta, eles possam apresentar *os mesmos sintomas que aqueles oriundos de causas mais triviais*. Na realidade, porém, possuem uma significação e uma função completamente diversas, e necessitam de um tratamento bastante diferente.

A incidência de perturbações de origem espiritual está aumentando rapidamente em nossos dias, seguindo o passo do crescente número de pessoas que, consciente ou inconscientemente, estão tateando seu caminho em direção a uma vida mais plena. Além disso, o intensificado desenvolvimento e a complexidade da personalidade do homem moderno, assim como sua mente mais crítica, fizeram do desenvolvimento espiritual um processo mais difícil e complicado.

Trata-se de uma combinação de terapias psicológicas e físicas que amenizarão os problemas que discutimos acima.

A Tabela 1 apresenta dez casos documentados da síndrome fisiokundalínica.

Na Figura C está indicada a seqüência de sintomas. À medida que o estímulo sobe pela espinha dorsal até um ponto situado em frente de cada *chakra*, ele é enviado em sua direção, a fim de estimulá-lo. Desse modo são estimulados os *chakras* que correspondem aos principais plexos nervosos, localizados na pélvis, no plexo solar, no coração, na garganta e na cabeça. O propósito dessa síndrome parece ser a união dos sistemas nervosos cérebro-espinhal e autônomo, propiciando assim um possível controle das funções autônomas, tais como respiração, batimento cardíaco, circulação sangüínea, etc., por intermédio do sistema cérebro-espinhal. De fato, isso foi demonstrado em estudos realizados com iogues, que podem controlar facilmente funções corporais como, por exemplo, os batimentos cardíacos, a circulação periférica, etc., funções que, no Ocidente, pensava-se eram impossíveis de serem controladas (Referência nº 8).

É esse o próximo estágio de evolução do nosso sistema nervoso, e a ele corresponde, necessariamente, o desenvolvimento espiritual. É nessa direção que toda a humanidade se move.

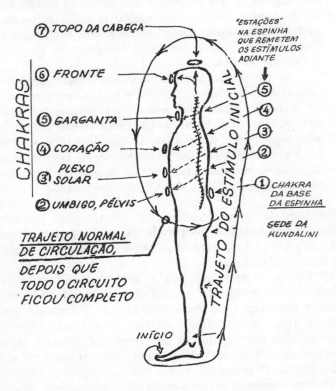

Fig. C

TRÊS CASOS DE KUNDALINI

Artista, F, 48 anos

Ela passou a praticar Meditação Transcendental e, após cerca de 5 anos, começou a sentir ocasionais formigamentos nos braços e calor nas mãos. Passou dias sem dormir, sentindo irrupções de energia em todo o seu corpo. Por várias vezes, "sonhou" que sua consciência estava separada do corpo. Um som alto e contínuo começou a soar dentro da sua cabeça. Logo ocorreram câimbras nos dedos grandes dos pés, seguidas de sensações de vibração nas pernas. Durante a noite, as unhas dos dedos grandes dos pés escureciam, como se tivessem levado uma martelada e, eventualmente, se separado, em parte, da pele. Sentia os tecidos das pernas sendo internamente rasgados pelas sensações de vibração, que se espalhavam pela região baixa de suas costas, a partir de onde varriam seu corpo até a cabeça. Nesta, originava uma sensação de que havia uma faixa que a cingia imediatamente acima das sobrancelhas. Então, sua cabeça começava a mover-se involuntariamente. Mais tarde, seu corpo se movimentava sinuosamente e sua língua comprimia-lhe o céu da boca. Então, sentiu aí um forte som de "OM". Os formigamentos espraiaram-se por trás do pescoço e da cabeça, por cima desta e até a fronte e o rosto. Ambas as narinas foram estimuladas, causando uma sensação de alongamento do nariz. Então, os formigamentos desceram pelo rosto. Às vezes, parecia-lhe que os olhos se movimentavam separadamente, e que as pupilas eram buracos abertos em sua cabeça, e se encontravam no centro desta. A seguir, sentiu uma terrível pressão na cabeça e uma luz brilhante, seguida por um sentimento de beatitude e risos. Os formigamentos continuaram a descer até ao lábio superior, queixo e boca. Mais ou menos durante esse período, teve sonhos acompanhados de música celestial. Então, as sensações alcançaram-lhe a garganta, o peito e o abdômen, e, por fim, ela sentiu como se o circuito se houvesse fechado, na forma de um ovo, ascendendo pela espinha e descendo pela frente do corpo. À medida que o circuito se desenvolvia, ativava em seu curso determinados *chakras*, começando no baixo-ventre, e seguindo para o umbigo, o plexo solar, o coração, até alcançar os centros da cabeça. O último a ser ativado foi o da garganta. Depois disso, passou por uma contínua sensação de entrada de energia no corpo através da área umbilical. Essa sensação foi interrompida depois que o "circuito" se completou. A experiência toda foi acompanhada de fortes associações sexuais. A maior parte dessa atividade durou vários meses. Nos últimos dois anos, houve atividade apenas ocasional, principalmente durante a meditação, ou quando ela se encontrava relaxada no leito.

No curso das experiências, ocorria respiração iogue espontânea (fraca e controlada). Eventualmente, desenvolveram-se pressões centralizadas em torno das regiões posterior, superior e frontal da cabeça, que afetaram os olhos, com deterioração visual. Essas pressões tornavam-se particularmente severas durante a leitura, resultando em pressões oculares e numa sensação pulsante no topo da cabeça.

O forte som dentro da cabeça finalmente desapareceu. Ao longo de toda a experiência, ela compreendeu que estava passando pela ascensão da kundalini, porque lera antes sobre o assunto. Isso fez com que se sentisse relaxada, e ela simplesmente deixou que as coisas acontecessem. Entretanto, a situação evoluiu para um estado de desorientação emocional e de dificuldade para integrar essas experiências nas atividades cotidianas.

O trabalho tornou-se ineficiente, porque a entrada de energia impediu, por meses, o sono normal, além de continuar pelo dia afora. Ela sentiu como se estivesse completamente desligada e testemunhando suas próprias atividades. Por fim, conseguiu controlar a situação.

O efeito geral foi o de obter maior estabilidade emocional e eliminação da tensão, juntamente com um discernimento intuitivo grandemente acentuado.

Cientista: M, 53 anos

Começou com a Meditação Transcendental e, em 5 anos, passou a experimentar movimentos corporais pesados e violentos durante a prática da meditação e na cama, à noite. Esses movimentos cederam, após umas poucas semanas.

Meses depois, quando ia se deitar, sentiu um formigamento na parte inferior das pernas, seguido de câimbra nos dedos grandes dos pés. A câimbra estendeu-se para outros músculos e, gradualmente, desapareceu. O formigamento subiu até a região baixa das costas, e lá ele "viu" uma luz avermelhada. Essa luz se transformou numa espécie de bastão, que ele sentiu e viu ser empurrado espinha acima. A seguir, estendeu-se para diante até a área umbilical, acompanhado de muitas sensações de formigamento e de vibração. Passo a passo, subiu pela espinha, até o nível do coração e, depois, estendeu-se para a frente, estimulando o plexo cardíaco, antes de prosseguir em sua ascensão. Quando alcançou a cabeça, ele "viu" torrentes de luz branca, como se o seu crânio tivesse sido aceso de dentro para fora. Então, pareceu-lhe que a luz jorrava do alto da cabeça sob a forma de um feixe sólido. Algum tempo depois, sentiu uma vibração no pulso e braço direitos, bem como na perna esquerda, sensações que desapareceram tão logo lhes deu atenção. A seguir, foi tomado por uma sensação de correntes que fluíam por seus ombros e braços, como se fossem "ondas de correntes", a uma freqüência de três ou quatro por segundo, aumentando mais tarde para sete ou mais por segundo.

Uma vez, ao focalizar a atenção no centro da cabeça, teve convulsões e espasmos violentos e incontroláveis.

Por várias vezes, no decurso de toda essa atividade, percebeu que havia sons dentro da sua cabeça, principalmente um assobio muito agudo e um chiado. Outras vezes, ouviu tonalidades no timbre da flauta. Ocorriam, com muita freqüência, sensações de paz e beatitude.

Seu sono começou a ser perturbado por movimentos corporais "automáticos". Por vezes, ele acordava e deparava-se consigo mesmo exercitando respiração iogue espontânea e ostentando diversas posturas da hatha ioga. Depois de passar por isso durante várias noites, o formigamento deslocou-se para a fronte, as narinas, as maçãs do rosto, a boca e o queixo. No desenrolar desse processo, teve várias sensações extáticas e estímulos sexuais, quando a atividade centralizava-se na região pélvica. Então, tudo isso cessou, retornando, de tempos em tempos, quando de noite deitava-se e relaxava. Podia interromper essas sensações virando-se de lado.

Cerca de um ano depois, à noite, apareceram pressões na cabeça, que começaram a deslocar-se para baixo. Simultaneamente, aflorou uma sensação de formigamento, que iniciou um movimento de subida a partir do estômago. Ele "viu" tudo isso acontecendo com ele como se estivesse se observando à distância. Os dois estímulos encontraram-se na garganta, dando-lhe a impressão de que aparecera nela um buraco, no ponto de encontro. Por esse "buraco", eram espontaneamente emitidos todos os tipos de sons, sobre os quais ele tinha pouco controle. Cerca de seis meses depois, o estímulo desceu da garganta para o abdômen, onde permaneceu durante uns poucos meses. A seguir, deslocou-se mais para baixo, até a pélvis.

Este cientista possuía um sistema nervoso sensível por natureza. Mesmo assim, foi menos susceptível aos aspectos desorganizadores da kundalini, porque estava cônscio de que se processava nele a ascensão da serpente, porque tinha conhecimento daquilo que o esperava, além de contar com a proteção do efeito estabilizador proporcionado pela disciplina adquirida com a meditação. Compreendeu que as dificuldades pelas quais passou resultavam de ter forçado em demasia a prática da meditação. Por isso, não desenvolveu ansiedades durante o processo.

Artista, F, 53 anos

Ela praticara hatha ioga durante anos, como exercício, mas jamais se ligara a qualquer tipo de meditação.

Há treze anos, passara a sentir dor na região baixa das costas, com pé pendente e paralisia parcial da perna esquerda, o que a levou a submetê-la a estiramento durante várias semanas. Mas a paralisia durou vários meses, e os dedos do pé esquerdo também estavam anestesiados. A sensação que experimentava era a de formigas andando sobre a pele da perna, com câimbras e formigamento na superfície posterior desta, até a parte posterior do joelho, da coxa e do quadril. Essas condições prolongaram-se de maneira intermitente durante longos períodos de tempo.

Por duas vezes, a unha do dedo maior do pé esquerdo ficou enegrecida, o que continuou por algum tempo. Sua dor nas costas foi diagnosticada como sendo ciática e osteoporose. A partir dessa época, o funcionamento de suas pernas, com os anos, foi voltando gradualmente ao normal.

Nos últimos três ou quatro anos, sentia dor no quadril esquerdo, geralmente durante o verão (as radiografias não revelaram nenhuma anormalidade). Durante dois anos, teve sensações de fraqueza e de peso na mão esquerda, acompanhadas por uma vaga impressão de dor.

Quando tinha de proferir uma palestra importante, ficava ansiosa e sentia forte dor entre as omoplatas. Então, via-se impossibilitada de falar ou de se mover, e quase não podia respirar. Isso ia passando aos poucos, e repetiu-se por diversas vezes. As radiografias apontaram uma espondilose.

Desde a infância, e durante muitos anos, ela sofreu de câimbras e formigamento nas pernas, bem como de enxaqueca acompanhada de escotoma cintilante, náuseas e dores de cabeça localizadas no hemisfério esquerdo.

No último ano, ou mesmo antes, sofreu perda da visão em cores e prejuízo da vista esquerda. Sua pressão intra-ocular é normal. O diagnóstico aponta degenerescência progressiva do nervo óptico, provocada por uma "massa" (não-especificada) na parte posterior da órbita ocular. Sua mãe sofria de glaucoma.

Recentemente, foi-lhe receitada cortisona, para uma disfunção da tireóide, que também se fez sentir mais intensamente no lado esquerdo. Ela também apresenta alguma exoftalmia e atrofia óptica. Há pouco tempo, ingeriu iodo radioativo, para fins de diagnóstico; 24 horas depois sua visão ficou quase nítida, durante 20 minutos.

Enquanto esteve grávida, sua sensibilidade visual, tátil e olfativa aumentou muito.

Durante a entrevista com essa pessoa, ficou claro que ela possui um sistema nervoso altamente desenvolvido. Ela percebia a atividade do seu *chakra* coronário — "o topo de minha cabeça esteve aberto o tempo todo" —, embora não compreendesse o significado dessa atividade.

Desde criança, percebia realidades superiores, mas não julgava que se tratasse de algo incomum, e presumia que todo mundo visse as coisas da mesma maneira que ela. "Eles, simplesmente não falam sobre isso", pensava. Quando era criança, seus pais lhe disseram: "Desça dos céus, volte à terra."

A prática de hatha ioga, durante muitos anos, estimulou e acelerou a atividade dos *chakras*, e é provável que tenha sido ela a responsável pela ascensão da kundalini.

O relatório médico sobre o seu caso mostra, com clareza, as conseqüências de um processo espontâneo de kundalini. Os sintomas começaram nos dedos do pé esquerdo e subiram pela perna, até a pélvis. Seguiu-se a paralisia da perna esquerda, e depois a ascensão prosseguiu pela espinha, alcançando o pescoço (a tireóide) e a cabeça. Nesta, as pressões geradas pela kundalini causaram uma degeneração do nervo óptico.

TABELA 1
SINTOMAS FISIOKUNDALÍNICOS

PACIENTE

SINTOMAS FÍSICOS
(Ordem de Ocorrência)

Nº	IDADE	SEXO	ANOS DE MEDITAÇÃO	DEDOS DO PÉ	PÉ	PERNA	PÉLVIS	ESPINHA	PESCOÇO	CABEÇA
1*	53	F	nenhum	+	+	+++	+++	++	+	+++
2	48	F	9	++	+	++	+	+	+	+++
3	29	F	4			+	+	+	+	+++
4	52	M	9	+	+	+	+	+	+	+
5	41	F	8		+		+	+	+	+
6	50	M	9			+	+	+	+	+
7	27	M	2					+	+	+
8	37	M	4		+	+	+	+	+	+
9**	28	F	3	+	+++	+++	+++	+		
10**	29	F	1	+	+++	+++	+++	+		

Observações: * Desenvolvimento espontâneo, sintomas severos, paralisia da perna, diminuição da capacidade visual

** Paralisia da perna e pé pendente.

GRAU DE INTENSIDADE DOS SINTOMAS		
BRANDO +	MÉDIO ++	SEVERO +++

SINTOMAS PSICOLÓGICOS

OLHO	ROSTO	GARGANTA	ABDÓMEN	CEFALÉIAS	DEPRESSÃO	ALUCINAÇÕES	SENSAÇÕES INCOMUNS	ABERRAÇÃO VISUAL	ANSIEDADE	ESTADOS BEATÍFICOS
++	+++			+++	+++				++	
+++	+	+	+	+++	+++		+	+	+	+
+	++	+	+	+++	+++		+		+++	
	+	+	+				+			++
	+			++	+	+	++		+++	++
	+	+								+
	+		+	+		+	+		+	
	+	+	+	+++			+		+	
					+		+		++	
					+++		+		+++	

Bibliografia do Apêndice

1. Leadbeater. *The Chakras* [Os Chakras]. Wheaton, Illinois: Theosophical Publishing House. São Paulo, Editora Pensamento, 1974.
2. Krishna, Gopi. *Kundalini*. Berkeley, Califórnia: Shambala Publications, 1970; Londres: The Watkins Publishing Co., 1970.
3. Krishna, Gopi. *The Awakening of Kundalini* [O Despertar da Kundalini], Nova York: E. P. Dutton, 1975.
4. Rele, Vasant, G. *The Mysterious Kundalini* [A Misteriosa Kundalini]. Fort, Bombaim: D. V. Taraporevala Sons & Co., Ltda.
5. Assagioli, Roberto. *Psychosynthesis* [Psicossíntese]. Nova York: Viking Press, 1965; Londres: Turnstone Press, 1975. São Paulo, Ed. Cultrix, 1982.
6. Sannella, Lee, M. D. *Kundalini-Psychosis or Transcendence* [Kundalini: Psicose ou Transcendência]. São Francisco: Henry S. Dakin, 1976.
7. *A Demonstration of Voluntary Control of Bleeding and Pain* [Uma Demonstração de Controle Voluntário de Sangramento e Dor]. Departamento de Pesquisa da The Meninger Foundation, Topeka, Kansas.
8. Rama, Swami. *Voluntary Control Project* [Projeto Controle Voluntário]. Departamento de Pesquisa da The Meninger Foundation, Topeka, Kansas.

Leia também

ESPAÇO-TEMPO E ALÉM

Bob Toben e Fred Wolf

Sabe-se que muitas teorias da física moderna apontam para uma visão da realidade muito parecida com as do taoísmo e do budismo. Além disso, a maneira como a mecânica quântica reconhece que a consciência do observador está ligada aos fenômenos observados só tem paralelo na evidência científica dos fenômenos paranormais. No entanto, mesmo quando suas teorias não são meramente especulativas, os físicos evitam, com o maior cuidado, afirmar que elas dão explicações gerais sobre a realidade. Para eles, elas apenas funcionam matematicamente, explicando *localmente* certos fatos.

O que os autores de *Espaço-Tempo e Além* fazem é apresentar a visão que se teria do mundo se a física pusesse de lado essas barreiras da prudência. Com isso eles constroem uma visão alucinante do universo, onde a física assume o fascínio dos relatos mágicos e as explicações sobre a natureza da matéria ficam parecendo cosmogonias de alguma civilização extraterrestre. Suas pretensões, no entanto, não são nada sensacionalistas, nem constituem um esforço que apele para o exagero a fim de divulgar, numa linguagem acessível, as idéias atuais da física, como se poderia concluir do estilo das ilustrações. Aliás, esse estilo pode enganar o leitor, pois a base teórica dessas idéias é rigorosamente preservada, embora seu lado especulativo, que os físicos preferem deixar na sombra, assuma aqui a importância de um guia de leitura extremamente sugestiva, em parte pela linguagem aforística e, às vezes, quase oracular que o autor emprega. Seu propósito é justificado mesmo perante os físicos: a "física visionária", como ele a batiza, seria mais uma "forma de arte" que outra coisa, dirigida principalmente à imaginação criadora, e capaz de fecundá-la com novas idéias.

Tanto os físicos como os leigos têm muito a lucrar seguindo esta aventura de ver o que acontece quando a física dá asas à imaginação e se metamorfoseia em mitologia. Este é, sem dúvida, um livro recomendável a todos os que tenham pelo menos um mínimo de inquietação sobre questões científicas fundamentais, mas ainda sitiadas pelos preconceitos, como a da consciência, a dos fenômenos paranormais, a da natureza da matéria, etc.

NEWTON ROBERVAL EICHEMBERG

EDITORA CULTRIX

O TAO DA FÍSICA
Um Paralelo Entre a Física Moderna e o Misticismo Oriental
Fritjof Capra

Este livro analisa as semelhanças — notadas recentemente, mas ainda não discutidas em toda a sua profundidade — entre os conceitos subjacentes à física moderna e as idéias básicas do misticismo oriental. Com base em gráficos e em fotografias, o autor explica de maneira concisa as teorias da física atômica e subatômica, a teoria da relatividade e a astrofísica, de modo a incluir as mais recentes pesquisas, e relata a visão de um mundo que emerge dessas teorias para as tradições místicas do Hinduísmo, do Budismo, do Taoísmo, do Zen e do I Ching.

O autor, que é pesquisador e conferencista experiente, tem o dom notável de explicar os conceitos da física em linguagem acessível aos leigos. Ele transporta o leitor, numa viagem fascinante, ao mundo dos átomos e de seus componentes, obrigando-o quase a se interessar pelo que está lendo. De seu texto, surge o quadro do mundo material não como uma máquina composta de uma infinidade de objetos, mas como um todo harmonioso e "orgânico", cujas partes são determinadas pelas suas correlações. O universo físico moderno, bem como a mística oriental, estão envolvidos numa contínua dança cósmica, formando um sistema de componentes inseparáveis, correlacionados e em constante movimento, do qual o observador é parte integrante. Tal sistema reflete a realidade do mundo da percepção sensorial, que envolve espaços de dimensões mais elevadas e transcende a linguagem corrente e o raciocínio lógico.

Desde que obteve seu doutorado em física, na Universidade de Viena, em 1966, Fritjof Capra vem realizando pesquisas teóricas sobre física de alta energia em várias Universidades, como as de Paris, Califórnia, Santa Cruz, Stanford, e no Imperial College, de Londres. Além de seus escritos sobre pesquisa técnica, escreveu vários artigos sobre as relações da física moderna com o misticismo oriental e realizou inúmeras palestras sobre o assunto, na Inglaterra e nos Estados Unidos. Atualmente, leciona na Universidade da Califórnia, em Berkeley.

A presente edição vem acrescida de um novo capítulo do autor sobre a física subatômica, em reforço às idéias por ele defendidas neste livro.

EDITORA CULTRIX

A DANÇA DO COSMOS

Felix Weber

Os resultados das ciências físicas e naturais deste século, especialmente da física e da astrofísica, estão entre as mais impressionantes realizações do intelecto humano. Seu significado cultural, no entanto, só poderá tornar-se eficaz quando o fascínio imediato pelos novos mundos descobertos no micro e no macrocosmo não se restringir a uns poucos especialistas, mas tornar-se acessível a um círculo mais amplo de pessoas. Esta, porém, não é uma empresa fácil.

Ao decifrar os segredos da natureza, somos forçados a aceitar resultados, e até mesmo modos de pensar que contrariam nossa experiência cotidiana e chegam, por vezes, a parecer absurdos.

Com este livro, Felix Weber conseguiu dar uma contribuição importante com vistas à construção de uma ponte entre o mundo científico e os leigos interessados. Para fazer isso, leva o leitor por um caminho que vai dos conceitos básicos até os modernos conhecimentos sobre a estrutura da matéria, e, por fim, sobre a origem e o desaparecimento do cosmos.

Este livro aproxima o leitor da física do universo através do estilo conciso e compreensível com que foi escrito e da originalidade das ilustrações, desde o big-bang até a morte da matéria, do átomo dos gregos às brincadeiras dos quarks.

Herwig Sohopper, diretor geral do Centro Europeu de Pesquisas Nucleares de Genebra.

EDITORA PENSAMENTO

ENERGIA SUTIL

John Davidson

Energias sutis são as que se situam em planos superiores, além de nossas capacidades normais de percepção. Porém, quando percebidas, se caracterizam por um efeito cintilante como um arco-íris ao redor dos objetos, conferindo-lhes quase um estado de transparência e permitindo que sua estrutura subatômica interior se revele a um olhar mais elevado, mais sensível. Energias sutis são projeções das formas de matéria e de energia mais densas, constituindo a energia matriz a partir da qual nosso universo perceptível se manifesta. Na verdade, só agora algumas teorias da física moderna puderam nos fornecer uma estrutura conceitual em que a manifestação desse estado sutil foi compreendida e delimitada.

Ao redor dos seres vivos — do homem inclusive —, as energias sutis são vistas como uma aura que reflete a saúde, a personalidade e a espiritualidade do indivíduo. *Energia Sutil* é um livro sobre esse tipo de energia e sobre o papel que ela representa na organização da natureza e nos processos de cura.

O autor — John Davidson —, formado em Ciências Biológicas pela Universidade de Cambridge, durante toda a sua vida interessou-se pela natureza, pela ciência e pelo misticismo.

EDITORA PENSAMENTO

Editora Pensamento
Rua Dr. Mário Vicente, 374
04270 São Paulo, SP
Fone 272-1399

Gráfica Pensamento
Rua Domingos Paiva, 60
03043 São Paulo, SP